HÁBLANOS DEL AMOR

Reflexiones sobre la poesía de Kahlil Gibran: *El Profeta*

OSHO

HÁBLANOS DEL AMOR

Reflexiones sobre la poesía de Kahlil Gibran: *El Profeta*

VERGARA

Barcelona · México · Bogotá · Buenos Aires · Caracas
Madrid · Montevideo · Quito · Santiago de Chile

Título original en inglés:
Speak to Us of Love
Reflections on the Poetry of Kahlil Gibran

Osho® es una marca registrada de OSHO INTERNATIONAL FOUNDATION.
Para mayor información favor de dirigirse a osho.com/trademark

El material en este libro ha sido seleccionado de una serie de veinte charlas dadas por Osho sobre *El Profeta* de Kahlil Gibran ante una audiencia.
Todas las charlas de Osho han sido publicadas en su totalidad en forma
de libros, y también están disponibles en grabaciones de audio originales. Las grabaciones originales en audio y el archivo del texto completo
pueden encontrarse en línea en la BIBLIOTECA OSHO en www.osho.com

Háblanos del amor
Reflexiones sobre la poesía de Kahlil Gibran: El Profeta
Primera edición, enero de 2013

D. R. © 1989 OSHO INTERNATIONAL FOUNDATION, Suiza.
   www.osho.com/copyrights
D. R. © 2013, Ediciones B México, S. A. de C. V.
   Bradley 52, Anzures DF-11590, México
   www.edicionesb.mx
   editorial@edicionesb.com

ISBN 978-607-480-358-7

Impreso en México | *Printed in Mexico*

Índice

INTRODUCCIÓN

Kahlil Gibran es música pura, un misterio tal que la poesía a veces puede captar, pero sólo a veces. Han pasado siglos, ha habido grandes hombres, pero Kahlil Gibran es una categoría en sí mismo. No puedo concebir que aun en el futuro exista la posibilidad de otro hombre con una comprensión tan profunda del corazón humano, de la incógnita que nos rodea. Él ha hecho algo imposible. Ha sido capaz de llevar al lenguaje humano por lo menos unos pocos fragmentos de esa incógnita. Ha elevado como ninguno el idioma humano y la conciencia humana. A través de Kahlil Gibran parece que todos los místicos, todos los poetas, todas las almas creadoras han unido las manos y se han entregado unos a otros.

Aunque ha sido inmensamente exitoso para llegar a la gente, siente que no es toda la verdad sino sólo un indicio. Pero vislumbrar la verdad es el comienzo de una peregrinación que conduce a lo esencial, a lo absoluto, a lo universal.

Hay algunas cosas que quisiera decirte antes de hacer comentarios sobre las afirmaciones de Kahlil Gibran.

Primero, se trata ciertamente de un gran poeta, quizá el más grande que haya nacido en esta Tierra. Pero no es un místico; y existe una enorme diferencia entre un poeta y un místico. A veces, de repente, el poeta se sorprende a sí mismo en el campo propio del místico. En esos raros momentos, las rosas llueven sobre él. En esas raras ocasiones, es casi un Gautama Buda, pero recuerda, digo «casi». Esos raros momentos llegan y desaparecen. Él no es el dueño de esos raros instantes. Llegan como la brisa y la fragancia de la brisa, y cuando tomas conciencia de ellos, ya se han ido. El genio del poeta es que capta esos momentos en palabras.

Esos momentos también penetran tu vida. Son dones de la existencia, resplandores que suscitan en ti una búsqueda, un deseo de llegar a un punto en que ese espacio se convierta en tu vida misma, tu sangre, tus huesos, tu tuétano. Lo respirarás, tu corazón latirá con él. Aunque quieras, nunca lograrás perderlo.

El poeta se convierte en místico por momentos y el místico es para siempre un poeta. Pero esto ha creado siempre un problema muy difícil que nadie ha logrado resolver. El problema ha sido abordado una y otra vez, miles de veces en todo el mundo: si el poeta vislumbra apenas y sin embargo crea tanta belleza, tanta poesía —las palabras cobran vida en el momento mismo en que las toca—, ¿por qué los místicos no han sido capaces de producir esa misma clase de poesía? Permanecen veinticuatro horas al día en ese estado creativo, día y noche, pero sus palabras no logran la misma belleza. Hasta las palabras de Gautama Buda o Jesucristo se quedan cortas frente a las de Kahlil Gibran, Mikhail Naimy o Rabindranath Tagore. Ciertamente parece extraño que aquellas personas que logran sólo visiones momentáneas creen tanto, mientras que las que alcanzan despiertas o dormidas la conciencia universal... ¿qué ocurre? ¿Por qué no han sido capaces de producir un Kahlil Gibran? Nadie ha logrado responder la pregunta.

Según mi propia experiencia, si un pordiosero se encuentra con una mina de oro, cantará y bailará y se volverá loco de la alegría, pero no se volverá un emperador. Un poeta de vez en cuando se convierte en emperador, pero sólo de vez en cuando; y es por eso que no lo puede considerar un hecho cumplido. Pero el místico no se funde con la conciencia universal sólo por un momento, *está* fundido en ella. Ya no hay retorno.

Esas visiones momentáneas pueden ser traducidas en palabras porque son apenas gotas de rocío. Pero el místico se ha convertido en el océano; por ello, el silencio se convierte en su canción. Las palabras parecen tan impotentes, nada parece capaz de llevar su experiencia a alguna posibilidad de comunicación.

El océano es tan vasto y el místico se confunde con él continuamente; naturalmente, él mismo se olvida de que es un ser aparte.

Para crear, tienes que estar presente. Para cantar una canción, tienes que estar presente. Pero el místico se ha convertido en la canción, su presencia es su poesía. Ésta no se puede imprimir, no se puede pintar, sólo se puede beber. Comunicarse con un poeta es una cosa, pero entrar en comunión con un místico es algo totalmente diferente. Pero es bueno comenzar con los poetas, pues si no eres capaz de absorber ni las gotas de rocío, el océano no es para ti. O, en otras palabras, tú no eres para el océano. A ti hasta una gota de rocío te parecerá un vasto océano.

Kahlil Gibran escribió casi treinta libros. *El Profeta*, que vamos a comentar, es su primer libro; los demás son basura.

Es un extraño fenómeno: ¿qué le ocurrió a ese hombre? Cuando lo escribió era apenas un joven, tenía veintiún años. Se hubiera podido pensar que después de ése habría muchos más. Y lo intentó en serio, pues pasó toda su vida escribiendo, pero nada llegó a acercarse a la belleza y la verdad de *El Profeta*. Tal vez la ventana nunca volvió a abrirse.

Un poeta es un místico por accidente. Sólo por accidente... aparece una brisa, no puedes producirla. Y porque se volvió mundialmente famoso, pues este libro debe de haber sido traducido a casi todos los idiomas del mundo, intentó con ahínco hacer algo mejor y fracasó. Es desafortunado que nunca se encontrara con nadie que le dijera una simple verdad: «Cuando creaste *El Profeta* no estabas intentando: simplemente *ocurrió*. Ahora estás tratando de *hacerlo*. Ocurrió y no es obra tuya. Posiblemente fuiste un vehículo. Es algo que no era tuyo... igual que un niño nace de una madre. La madre no puede crear al niño, ella es un simple tránsito».

El Profeta pertenece a esa categoría de los muy pocos libros que no dependen de tus actos, ni de tu inteligencia ni de ti; al contrario, resultan posibles sólo cuando tú no actúas, cuando permites que ocurran, cuando no estorbas. Estás tan relajado que no interfieres.

Éste es uno de esos libros excepcionales. En él no encontrarás a Kahlil Gibran, y ésa es la belleza del libro. Permitió al universo fluir a través de él; es un simple médium, un vehículo, una simple varilla hueca de bambú que no estorba al flautista.

En mi experiencia, los libros como *El Profeta* son más santos que los así llamados libros santos. Y porque estos libros son auténticamente santos, no han generado una religión a su alrededor. No ofrecen ningún ritual, ninguna disciplina, ningún mandamiento. Simplemente te permiten vislumbrar la misma experiencia que ellos vivieron. Toda la experiencia no puede convertirse en palabras, pero algo... tal vez no toda la rosa, pero sí algunos de los pétalos... son prueba suficiente de que la rosa existe. Tu ventana sólo tiene que estar abierta, pues la brisa a veces trae consigo pétalos.

Esos pétalos que llegan con la brisa y penetran tu ser son en realidad invitaciones de lo desconocido. Dios te llama a una larga peregrinación. De no realizar esa peregrinación, permanecerás sin encontrar sentido, arrastrándote de alguna manera, pero sin vivir de verdad. No habrá risa en tu corazón.

Las grandes verdades sólo se expresan en parábolas. Kahlil Gibran evita el uso de su propio nombre creando un nombre ficticio: Al-Mustafá. Al-Mustafá es el profeta.

Háblanos del amor

Entonces dijo Almitra:

—Háblanos del amor.

Y Al-Mustafá alzó la cabeza y miró a la multitud, y un silencio cayó sobre todos, y con voz fuerte dijo él:

—Cuando el amor los llame, síganlo, aunque sus caminos sean escabrosos y escarpados. Y cuando sus alas los envuelvan, entréguense a él, aunque la espada oculta en su plumaje pueda herirlos. Y cuando les hable, créanle, aunque su voz pueda despedazar sus sueños como el viento del norte convierte el jardín en hojarasca. Porque así como el amor corona, así crucifica. Así como agranda, también poda. Así como sube hasta sus copas y acaricia sus más frágiles ramas que tiemblan al sol, también descenderá hasta sus raíces y las sacudirá en su arraigo a la tierra. Como gavillas de maíz, los aprieta dentro de sí mismo.

Los apalea hasta dejarlos desnudos. Los trilla para liberarlos de su cáscara. Los muele hasta dejarlos blancos. Los amasa hasta dejarlos dóciles; y luego, los destina a su fuego sagrado y los transforma en pan sacro para el banquete divino. Todas estas cosas hará el amor por ustedes para que puedan conocer los secretos de su corazón, y con este conocimiento lleguen a ser un fragmento del corazón de la vida. Pero si en su temor sólo buscan la paz del amor y el placer del amor, entonces más vale que cubran su desnudez y salgan de las trillas del amor, para que entren en el mundo carente de estaciones, donde reirán, pero no todas sus risas, y llorarán, pero no todas sus lágrimas.

Las personas que han comprendido el significado de la vida se dirigen sólo a aquellos que entienden el amor, pues el amor *es* el significado de la vida. Muy pocas personas se han dado cuenta de que el amor es tu llama misma. No es el alimento el que te mantiene en vida, es el amor, que no sólo te mantiene en vida sino que te brinda una vida de belleza, de verdad, de silencio y millones de otras cosas invaluables.

El mundo puede dividirse en dos partes: el mundo en que todo tiene un precio y el mundo en que el precio carece de sentido. Cuando los precios ya no tienen importancia, los valores aumentan. Los precios son para las cosas, para las cosas muertas.

La vida no reconoce lo que está muerto. Pero el hombre sigue sin captar una verdad tan simple. Hasta intenta comprar el amor; si no fuera así, no existirían las prostitutas. Y no sólo es cuestión de prostitutas, pues ¿cómo es su matrimonio? Una institución de permanente prostitución.

Recuerda, sólo cuando entres en el mundo de los valores en que ni el dinero, ni el poder ni la respetabilidad te sirven para nada, estarás penetrando en la vida auténtica. Y el sabor de esa vida es el amor.

Porque el hombre está tan acostumbrado a comprarlo todo, se le olvida que el esfuerzo mismo por comprar algo que no puede comprarse es un asesinato. El marido exige el amor de su esposa porque la ha comprado, y lo mismo es cierto de la esposa. Pero ninguno de ellos se da cuenta de que está asesinando al otro. No saben que en el momento en que el precio se introduce en el amor, el amor se muere.

El amor es muy delicado, muy sagrado. En todas nuestras relaciones intentamos reducir a la otra persona a una cosa. Una «esposa» es una cosa. Si tienes algo de inteligencia, deja que siga siendo simplemente una mujer. Un «marido» ya no vive. Permítele seguir libre, pues sólo en libertad puede florecer el amor. Tu vida carecerá de flores si no tiene algo que no tenga precio. ¿Tienes algo que no tenga precio en tu vida?

Las personas venden hasta su vida. ¿Qué son los soldados? Debe de haber millones de ellos en todo el mundo. Se han vendido. Su única función es matar y dejarse matar. Pero como lo veo, eso no es lo importante; se mataron el día en que se vendieron. Puede que sigan respirando, pero tan sólo respirar no es vivir. Los árboles respiran, los vegetales respiran. Las coles y las coliflores respiran, pero no están vivas y no saben nada del amor. Tienen el precio expuesto. Tal vez las coles sean un poco más baratas, las coliflores un poco más costosas, pues las coliflores no son más que coles con diploma universitario. Pero no le hagas eso a un ser humano.

Y si no puedes comprar una cosa, tampoco la podrás poseer. En la profundidad de tus sueños hasta posees a tus hijos, sin llegar a darte cuenta de que la posesión misma —«éste es *mi* hijo»— es un asesinato. Los hijos llegan a través de ti, pero le pertenecen al universo. Tú no eres más que un vehículo. Sin embargo, haces todos los esfuerzos posibles porque tu hijo tenga tu apellido, tu religión, tu ideología política. Debe ser tan sólo un objeto sumiso.

Cuando yo era estudiante universitario, el gobierno de la India expidió una resolución que decía que si no participabas en la instrucción militar, no se te otorgaría el posgrado universitario. Era obligatorio. Yo abordé al vicerrector y le dije:

—Me encantará quedarme sin posgrado. No estoy dispuesto a participar en una instrucción que no es más que un proceso psicológico de destrucción de la conciencia, de la vida, una reducción a un simple número.

En el ejército, cuando alguien muere, en el tablón de anuncios se anota: «Ha caído el Número 16». Cuando lees que «ha caído el Número 16» no se conmueve tu corazón porque el número 16 no tiene esposa, ni hijos, ni una madre anciana ni un padre viejo que cuidar. Los números no engendran hijos. Es una estrategia. Pero si ves un nombre, de repente entristeces. ¿Qué va a ser de los hijos, de la esposa, de la madre anciana, del padre que sigue vivo sólo para ver a su hijo regresar a casa? Pero él no sabe que su hijo ya no existe. Se ha convertido en el número 16. El número 16 puede ser reemplazado, y *lo será*. Otra persona se convertirá en el número 16.

Un ser humano viviente no se puede reemplazar... ¿y un número muerto? Pero no son sólo los soldados; si te observas a ti mismo verás que, de muchas maneras, has permitido a las multitudes en tu entorno que te conviertan en un número. Hasta las personas que dicen amarte simplemente quieren poseerte, explotarte. Eres el objeto de sus anhelos, de sus deseos.

El amor no se puede conseguir en el mercado. Para amar, tendrás que entender que la existencia no es una existencia muerta. Está llena de luz, rebosando amor, pero para tener la experiencia de ese amor tienes que sintonizarte con el mundo de los valores.

El amor es el valor supremo. Es por eso que Jesús llegó a decir:

—Dios es amor.

Pero su declaración data de hace dos mil años. Requiere perfeccionamiento, necesita actualización. Dios no es amor. El amor es Dios. Y existe una enorme diferencia entre los dos, aunque se utilicen las mismas palabras. Si Dios es amor, eso significa simplemente que ésa es sólo una de las cualidades de Dios. Puede tener otras: puede ser sabio, puede ser justo, equitativo. Puede personificar el perdón...

Pero cuando se dice: «El amor es Dios», el mensaje es totalmente diferente. En ese momento, Dios mismo se convierte en una cualidad de aquellos que saben amar. Entonces no hay necesidad de creer en Dios... pues no es más que una hipótesis. Y depende de ti decidir qué opinas de esa hipótesis.

El dios judío del Antiguo Testamento dice: «Soy un Dios muy airado, soy muy celoso. ¡No soy muy agradable! Recuerda, ¡no soy tu tío! No puedo tolerar a otro Dios». Los mahometanos heredaron el concepto judío de Dios. Es por eso que han estado destruyendo estatuas y templos, bellas piezas de arte: porque no hay sino un solo Dios y un solo libro sagrado y un mensajero, Mahoma. Es una actitud deplorable, inhumana. ¿Qué importa si hay un millón de dioses? El mundo será inmensamente más rico. ¿Por qué quedarte con un solo dios? El judaísmo, el cristianismo, la religión musulmana, todas esas religiones que creen en un solo dios creen en la dictadura, no en la democracia. ¿Qué problema hay?

Gautama Buda es tal vez la única figura religiosa que es democrática, que dice que cada ser humano es un dios en potencia y que a la postre todos vamos a adquirir la condición de dioses. Hay belleza en todo ello.

Un gran filósofo contemporáneo de Gautama Buda fue a verlo, llevando consigo a sus quinientos discípulos. Buda nunca rechazó a nadie. Hasta en su último momento, cuando estaba muriendo, preguntó si alguien tenía alguna pregunta, pues «ahora me voy, mi barco ha llegado. Y no quiero que las futuras generaciones digan que Gautama Buda estaba vivo y sin embargo no respondió una pregunta auténtica».

El hombre le preguntó al filósofo:

—¿Es tu pregunta o una búsqueda?

El filósofo contestó:

—¿Qué diferencia hay?

Buda dijo:

—La diferencia es insalvable, como la tierra y el cielo. Una búsqueda es una sed. Una pregunta es un juego mental. Si tienes una búsqueda, estoy dispuesto a responder. Pero si es sólo una pregunta, no desperdicies mi tiempo.

Cuando Al-Mustafá habló a la gente de Orphalese, no respondió a muchas de las personas que le hicieron preguntas porque sus preguntas eran tan sólo preguntas, y no sus búsquedas. Pero cuando Almitra preguntó, él respondió. Y respondió con tal belleza, con tal poesía, con tal verdad.

Almitra pide:

—Háblanos del amor.

Debe notarse que sólo una mujer puede hacer preguntas sobre el amor. El hombre quiere conocer a Dios, o convertirse en Dios. Ésos son juegos de poder. El amor no es un juego de poder. El amor es la única experiencia que nos vuelve humildes, sencillos, inocentes.

¿Y qué dice Al-Mustafá? Medítalo. Cada palabra tiene un enorme significado:

> Y alzó la cabeza y miró a la multitud...

Antes de responder, hay que buscar en el corazón de la gente para ver si se conmueve, si el amor es su búsqueda. Almitra formula una pregunta fundamental, la más fundamental de todas. Pero ¿qué pasa con la multitud que se ha reunido allí?

> Y un silencio cayó sobre todos.

Un gran silencio, pues era gente sencilla; cuando Al-Mustafá los miró a los ojos, miró sus rostros, hubo un gran silencio. Esas personas sencillas realmente deseaban saber lo que Almitra había preguntado. Tal vez no eran lo suficientemente elocuentes para formular la pregunta; Almitra se había convertido en su voz. Ella representa a sus corazones. Viendo aquello:

Con fuerte voz dijo él:

—Cuando el amor los llame, síganlo...

No dudes, no seas escéptico, pues el amor te llama hacia algo que no has conocido aún. Tienes la semilla... pero la semilla no ha conocido su propia flor. Cuando el amor te llama, eres bienaventurado; síguelo...

Aunque sus caminos sean escabrosos y escarpados. El amor no es sólo un lecho de rosas. Y cuando sus alas los envuelvan, entréguense a él. No resistan, no sean renuentes, no sean indiferentes. No sean tibios. Aunque la espada oculta en su plumaje pueda herirlos.

El amor ciertamente hiere a las personas, pero esa herida se parece a una operación quirúrgica. Llevas tanto odio por dentro, hay que destruir ese odio. Por cierto tiempo podrás sentir una herida, un vacío donde estaba el odio.

Y cuando les hable, créanle...

Recuerda que él no te está diciendo que creas lo que dice. Lo que te está diciendo es que cuando te hable, creas *en él*. Hay una diferencia muy sutil. Si te estoy hablando, puedes creer lo que estoy diciendo, y lo harás con el cerebro y eso no te ayudará en nada, pues mañana alguien puede refutarlo con un mejor racionamiento, con mejor lógica. Entonces cambiarás de parecer.

Al-Mustafá te está diciendo que creas en *él*, no en lo que está diciendo. Es una declaración muy poderosa: cuando un maestro habla, no te preocupes demasiado por sus palabras. Si las palabras logran ayudarte a creer en la autenticidad del maestro, han logrado su cometido. Cuando crees en una persona, viene del corazón. No es un razonamiento. Cuando crees en las palabras, viene del cerebro. Es un simple razonamiento.

La vida no es un razonamiento, y el amor no es un razonamiento. Es el encuentro de dos corazones, de dos seres, dos cuerpos se convierten en uno. Es eso lo que dice Al-Mustafá:

> Aunque su voz pueda despedazar sus sueños.

Va a despedazar tus sueños. Va a despedazar tu reposo, te va a despedazar *a ti*. Creer sólo en las palabras no despedazará nada en ti. Al contrario, serás más erudito y tu ego más adornado.

> Aunque su voz pueda despedazar sus sueños como el viento del norte convierte el jardín en hojarasca; porque así como el amor los corona, así los crucifica.

Nunca antes alguien había pronunciado, en una sola frase, toda la alquimia de la transformación humana. El amor te corona, pero también te crucifica. Te crucifica como fuiste, tu pasado, y te corona como debes ser, tu futuro. El amor es ambos, coronación y crucifixión. Es por ello que millones de personas se pierden de la gloria del amor. La crucifixión los asusta... y ¿qué sentido tiene que se te corone si te van a crucificar?

Pero no eres uno, eres muchos. Tu verdadero «yo» será coronado y las falsas personalidades serán crucificadas, y esos dos procesos ocurrirán simultáneamente. Por un lado, la muerte; por el otro, la resurrección.

> Así como los agranda, también los poda.

Han crecido tantas cosas feas en tu vida, que hay que podarlas y esa poda no impide tu crecimiento. De hecho, esas cosas feas que has acumulado en tu entorno —los celos, el dominio, los constantes esfuerzos por llevar la delantera— no te permiten vivir el amor.

Así como sube hasta sus copas y acaricia sus más frágiles ramas que tiemblan al sol...

Disfrutarás cuando el amor llegue hasta tu cima con delicadeza, acariciando tus ramas que bailan en el viento, en el sol y en la lluvia. Pero eso no es nada:

... También descenderá hasta sus raíces y las sacudirá en su arraigo a la tierra.

Y no puedes optar por lo uno y evitar lo otro. El amor es un fenómeno sólido que no puede fraccionarse. Así como tu cúspide requiere que se le riegue con amor, tus raíces que se aferran a la tierra requieren que se les sacuda, pues todo arraigo es una cárcel. El amor quiere darte alas para volar, pero con una mente que se aferra, con apegos, es imposible volar en el cielo abierto. Para aferrarte a la tierra has desarrollado gruesas raíces que llegan hasta muy profundo, así que nadie puede sacudirte. Es el temor; pero el temor es el polo opuesto de la libertad.

No te aferres a nada, ni siquiera a la persona que amas. Al aferrarte destruirás el amor mismo al que te aferras. No te conviertas en una esclavitud.

He oído que un gran luchador por la libertad se fue de vacaciones a las colinas. Por el camino se detuvo a descansar en un pequeño *caravansarai*. El propietario del *sarai* tenía un loro muy bello, al que le había fabricado una jaula de oro e incrustado diamantes, en concordancia con la belleza del animal. El propietario amaba la palabra «libertad» y por lo tanto le había enseñado al loro una sola palabra: «libertad». Todo el día el loro gritaba: «¡libertad!, ¡libertad!», y su voz resonaba una y otra vez en el valle.

Este luchador por la libertad pensó: «Qué extraño. Conozco al propietario, es mi amigo. Sé de su amor por la libertad, y por eso le ha enseñado a su loro sólo una palabra: «libertad». Pero eso es muy contradictorio. Si ama la libertad, que deje libre al loro. Una jaula, aunque de oro y de diamantes, no es la libertad». Así que esperó. A media noche el loro volvió a gritar «¡libertad!, ¡libertad!», y en el silencio la voz del loro resonó por todas partes. El hombre salió. Era de noche y el propietario estaba durmiendo. No había nadie. Abrió la puerta de la jaula y esperó... un loro tan amante de la libertad debía volar inmediatamente hacia el cielo. Sin embargo, en lugar de volar hacia el cielo, el loro se aferró desesperadamente a su jaula de oro.

Pero el hombre no se iba a dejar vencer por un loro. Introdujo su mano en la jaula, sacó al loro... y mientras lo sacaba, el loro lo picó y le rasguñó la mano gritando: «¡libertad!, ¡libertad!». El hombre tenía la mano cubierta de sangre, pero soltó al loro al aire libre en una noche de luna llena. Su mano estaba herida pero él se sentía profundamente satisfecho porque el loro estaba libre.

Se fue a dormir. A la mañana siguiente la misma voz lo despertó otra vez: «¡Libertad!». Se dijo: «Dios mío, ¡ha regresado!». Miró hacia afuera. La puerta permanecía abierta y el loro estaba adentro.

El amor te acariciará. Pero también penetrará hasta tus raíces y las sacudirá para liberarte.

Es algo que hay que recordar: la mayoría de nosotros sigue viviendo en una contradicción. Por un lado deseamos la libertad; por el otro, seguimos aferrándonos a algo. La libertad es un riesgo. En la jaula el loro está a salvo y seguro. En libertad, aunque gana toda la existencia, el cielo entero, pierde la seguridad.

Pero la libertad es un valor tal, que todo puede sacrificarse para lograrla. Y para crecer el amor necesita la libertad total. Sólo entonces puedes hacer del cielo abierto tu hogar. Las personas que temen la inseguridad, el peligro, escogen la palabra «amor» pero nunca lo viven.

Si quieres vivir el amor, tendrás que ponerlo todo en riesgo, todos tus apegos, tu seguridad futura. Pero en lugar de sacrificar sus apegos y su seguridad, el ser humano en su sueño profundo ha sacrificado el amor y resguardado la seguridad.

Así son sus matrimonios: se sacrifica el amor, se mantiene la seguridad. Desde luego, en el matrimonio hay seguridad, hay resguardo; está garantizado que mañana la esposa estará disponible para ti, que el marido te cuidará. Pero ¿y el amor? El amor se convierte en una palabra vacía.

Sé cauto con las palabras vacías y especialmente con las palabras como «amor», que son más sublimes que Dios. Dios es sólo una cualidad del amor. No sigas cargando un recipiente sin contenido. Ésa es tu desgracia, y la desgracia de toda la humanidad. Nadie ama.

El amor es riesgoso.

Asume todos los riesgos porque cada momento de amor equivale a la eternidad entera. Y una vida sin amor podrá ser inmortal, pero será sólo un cementerio. Nada florecerá. Estarás seguro, pero ¿qué harás con tu seguridad?

> Como gavillas de maíz, los aprieta dentro de sí mismo.

Pero si te aferras a otra cosa, ¿cómo puede la existencia, o Dios, o el amor, apretarte dentro de sí mismo?

> Los apalea hasta dejarlos desnudos...

...porque estás cubierto con tantas falsas personalidades. Tu rostro no es tu rostro original. Tienes muchas máscaras.

> Los apalea hasta dejarlos desnudos. Los trilla para liberarlos de su cáscara. Los muele hasta dejarlos blancos.

La palabra «blancos» debe entenderse, no se trata de un color. Puedes tener todo el arco iris, pero te perderás dos colores a los que te has acostumbrado: el blanco y el negro. ¿Y por qué todos los místicos han condenado el negro y alabado el blanco?

El blanco no es un color sino *todos* los colores. Si mezclas todos los colores del arco iris, surge el blanco. Así que el blanco es realmente una síntesis de todos los colores de la vida. Y si eliminas todos los colores, surge el negro. El negro es la negatividad, el negro es el no. El negro es la muerte. El blanco es lo positivo, el blanco es el sí, el blanco es Dios. El blanco es el amor.

> Los amasa hasta dejarlos dóciles; y luego, los destina a su fuego sagrado y los transforma en pan sacro para el banquete divino.

Todas las religiones del mundo han enseñado a la gente a ayunar, y Al-Mustafá habla del banquete. La vida no es un ayuno, es un continuo banquete, una celebración, un festival de luces. El amor transforma tu vida en un festival de luces. Y si tu vida no se convierte en un festín y un festival, recuerda: no has hecho aquello para lo cual viniste a este mundo.

> Todas estas cosas hará el amor por ustedes para que puedan conocer los secretos de su corazón, y con este conocimiento lleguen a ser un fragmento del corazón de la vida. Pero si en su temor sólo buscan la paz del amor y el placer del amor, entonces más vale que cubran su desnudez y salgan de las trillas del amor.

Las personas desean amor pero no están dispuestas para la trilla y el fuego por el cual deben pasar. Creen que el amor es sólo placer. No lo es. El amor es mucho más: es dicha, es la bendición suprema. Pero tendrás que dejar el miedo.

El hombre lleno de temor nunca conocerá el dulce sabor del amor. Y si no has conocido el amor, no has conocido nada: todo tu conocimiento es inútil, todos tus tesoros, inútiles. Toda tu respetabilidad, inútil.

Al-Mustafá dice con razón:

> Entonces más vale que cubran su desnudez y salgan de las trillas del amor... para que entren en el mundo carente de estaciones, donde reirán, pero no todas sus risas, y llorarán, pero no todas sus lágrimas.

Nunca conocerás nada en su integridad, en su totalidad. Reirás, pero tu risa será superficial. Llorarás, pero tus lágrimas serán lágrimas de cocodrilo. Tu vida permanecerá siempre como mera posibilidad y nunca se convertirá en realidad. Y vivirás tu vida dormido, inconsciente...

> El amor sólo da de sí y nada recibe sino de sí mismo. El amor no posee y no se deja poseer: porque el amor se basta a sí mismo. Cuando amen no deben decir: «Dios está en mi corazón», sino «estoy en el corazón de Dios». Y no piensen que podrán dirigir el curso del amor, porque el amor, si los halla dignos, dirigirá su curso. El amor no tiene otro deseo que el de alcanzar su plenitud. Pero si aman y han de tener deseos, que éstos sean así: de diluirse en el amor y ser como un arroyo que canta su melodía a la noche. De conocer el dolor de sentir demasiada ternura. De ser herido por la comprensión que tienes del amor; y de sangrar de buena gana y alegremente. De despertarse al alba con un corazón alado y dar gracias por otra jornada de amor; de descansar al mediodía y meditar sobre el éxtasis del amor; de volver a casa al crepúsculo con gratitud, y luego dormirse con una plegaria en el corazón por el bienamado, y con un canto de alabanza en los labios.

Al-Mustafá tiene el conocimiento más profundo del amor que cualquier otra persona jamás haya demostrado. No son éstas las palabras de un filósofo, son las experiencias de un místico.

Al-Mustafá es sólo un nombre. Es Kahlil Gibran quien habla a través de él, y eso por una razón especial. Hubiera podido hablar directamente, en su propio nombre; no hubiera sido necesario que Al-Mustafá actuara como médium. Pero Kahlil Gibran no quiere crear una religión, aunque todo lo que ha dicho constituye la religiosidad fundamental. Para evitarlo... puesto que se ha cometido tanta inhumanidad contra los seres humanos, y se ha derramado tanta sangre, en nombre de la religión.

Millones de personas murieron. Miles fueron quemadas vivas. En el momento en que una religión se organiza y se consolida, se convierte en un peligro para todo lo valioso que hay en la vida. En ese momento la religión deja de ser un camino hacia Dios y se vuelve un pretexto para la guerra.

Kahlil Gibran permanece escondido detrás de Al-Mustafá para que la gente no comience a adorarlo, para que no perpetúe el horrible pasado. En lugar de decir directamente lo que quiere decir, ha creado un artificio: Al-Mustafá. A causa de Al-Mustafá, su libro no se considera un libro sagrado, aunque es uno de los libros más sagrados del mundo. Comparado con éste, todos los otros libros sagrados parecen impíos.

Kahlil Gibran creó a Al-Mustafá para que su libro se leyera como ficción, como poesía. Eso demuestra su compasión y ésa es su grandeza. Puedes buscar en todas las sagradas escrituras y no encontrarás palabras tan vivas, palabras que van tan directamente, como flechas, al corazón. Y encontrarás que en esas escrituras queda mucho que es inhumano e indigno de permanecer en ellas. El ser humano es tan ciego. Sólo esa pequeña ficción de Al-Mustafá y la gente se olvida de algo tan simple: que estas verdades no pueden afirmarse si no son el resultado de vivencias, si no vienen de la experiencia propia.

Kahlil Gibran ha preparado el terreno. Ha sembrado las semillas en campos desconocidos, en «estaciones olvidadas». Ustedes son los frutos y las flores. Hablar de Kahlil Gibran sirve para recordarles sus semillas. Y también algo verdaderamente importante...

Hay una antigua leyenda en la tierra de Kahlil Gibran, una de las tierras más bellas del mundo, el Líbano. Es famosa por sólo dos cosas: por Kahlil Gibran y por los milenarios cedros que siguen intentando alcanzar las estrellas.

Kahlil Gibran lo estaba intentando también. Los cedros aún no lo han logrado, pero Kahlil Gibran sí lo ha logrado. Tal vez los cedros también alcanzarán las estrellas algún día.

Uno de los pintores holandeses más importantes, Vincent van Gogh —tal vez el más importante en términos de inteligencia y comprensión—, pintaba en todos sus cuadros sus árboles llegando más allá de las estrellas; las estrellas quedan rezagadas. Sus contemporáneos lo creían loco. Una y otra vez le preguntaban:

—¿Dónde has visto que los árboles crezcan más allá de las lejanas estrellas?

Vincent van Gogh respondía:

—No los he visto, pero he estado sentado bajo los árboles y he escuchado sus anhelos. Y yo pinto la flor antes de que la semilla haya sido sembrada.

Todas sus estrellas son muy extrañas: las pintó como espirales. Hasta los pintores se burlaban de él:

—Debes de estar loco. Las estrellas no son espirales.

Él decía:

—¿Qué puedo hacer? No sólo en mis sueños sino también cuando estoy despierto, mi corazón siente que son espirales.

En toda su vida no logró vender ni un solo cuadro. ¿Quién iba a comprar cuadros como ésos? Y los pintaba con su sangre, con su vida misma.

De su hermano menor recibía cada semana escasamente el dinero que necesitaba para comer dos comidas diarias durante siete días. Pero ayunaba tres días por semana para poder comprar pintura y lienzos. Ningún otro pintor ha pintado con tanto anhelo, con un amor tan profundo.

Vivía sólo para pintar; murió a los treinta y tres años. Y hace unos pocos meses, los físicos llegaron a la conclusión de que las estrellas sí *son* espirales, cien años más tarde.

El poeta seguramente tiene un atajo secreto para llegar a conocer las cosas. No puede probarlo. No es un científico, ni es un lógico. Pero sus contemporáneos tienen miles de años de atraso. Es muy raro encontrar una persona auténticamente contemporánea. Las personas viven en medio de supersticiones milenarias, de ideologías que no tienen ninguna pertinencia en la verdad. Y no están dispuestas a salir de su oscuridad.

Escucha estas palabras, pues no son palabras, son llamas vivas. Es fuego puro. Si no puede consumirte, no lo has escuchado:

> El amor sólo da de sí y nada recibe sino de sí mismo.

Qué declaración tan fuerte, y siempre permanecerá actual. No logro imaginar ningún tiempo futuro en que esa declaración resulte obsoleta. Si la comprendes, si la vives, el futuro será tuyo. Podrá abrirte las puertas de la realidad desconocida que te espera.

> El amor sólo da de sí...

Cuando te enamoras también das, flores, dulces... pero eso no es amor, es una negociación, un negocio...

El amor no es un negocio, pero el ser humano lo ha reducido a un negocio. El amor sólo da de sí porque no hay nada más sublime para dar. ¿Te imaginas algo más sublime? ¿Algo más valioso?

El amor sólo da de sí y nada recibe sino de sí mismo, esto es aun más importante de comprender. El amor sólo sabe dar; la idea de recibir algo a cambio ni siquiera surge. Ése es el milagro de la existencia: si das amor, el amor te devuelve mil veces tu propio amor.

No hay necesidad de ser mendigo. El amor te convierte en emperador. Se da a sí mismo y, curiosamente, el mismo amor se multiplica y regresa a ti de todas las direcciones. Cuanto más lo das, más lo tienes.

La humanidad parece tan pobre porque hemos olvidado la ley cósmica. En lugar de dar, el amor se ha convertido en mendigo y pide continuamente. La esposa pide:

—Dame amor, soy tu esposa.

El marido dice:

—Dame amor.

Todos piden:

—Denme amor.

¿Quién va a dar? Todos son mendigos.

Ser una persona amorosa no te cuesta nada y siempre te recompensa con creces. Te vuelves más y más rico. Ésa es la extraña economía de la existencia.

> El amor sólo da de sí y nada recibe sino de sí mismo. El amor no posee y no se deja poseer.

En el mismo momento en que posees algo, lo matas. Y son millones las personas en el mundo que han matado su amor con sus propias manos. Deberían mirarse las manos, están cubiertas de la sangre de su propio amor. Y ahora son infelices; no quisieron matar, no era su intención matar, pero en su inconsciencia comenzaron a poseer. Cuando querían a alguien intentaban poseer *totalmente* a esa persona. Los maridos poseen a sus esposas, las esposas poseen a sus maridos, los padres poseen a sus hijos. Los maestros intentan por todos los medios poseer a sus alumnos. Los políticos intentan poseer países. Las religiones intentan poseer millones de personas y su vida.

Todos son asesinos, pues en el mismo momento en que intentas poseer, matas.

La vida florece sólo en libertad.

Si amas, darás cada vez más libertad a la persona amada. El amor nunca se deja poseer pues es tu misma alma. Si permites que alguien lo posea, te habrás suicidado.

Así que el amor o se mata o se suicida. Las personas son tan sólo cadáveres ambulantes, mendigando, pidiendo amor, calor humano y ternura. Y no van a encontrarlos porque han creado una sociedad estúpida, han creado un mundo demencial.

La razón por la cual todo el mundo se está volviendo neurótico y psicótico es simple: su alma está desnutrida. El amor es el único nutriente. Puedes tener todo el dinero del mundo; si no amas, eres la persona más pobre, innecesariamente cargado de riqueza, palacios, imperios.

Pero alguien que ama, que ha conocido el secreto del amor —ni poseer ni ser poseído— en realidad vuelve a nacer. Ha vuelto a vivir, en el sentido más verdadero. Vivirá todas las más bellas experiencias de la vida, los más grandes éxtasis de la existencia.

Si el amor crece en tu corazón, llevas a Dios dentro de ti. Es Dios quien crece en tu interior. Poco a poco desaparecerás y quedará sólo divinidad pura. Se siente...

Aquellos que han estado cerca de Gautama Buda y Mahavira lo han sentido. Es algo curioso que ni Mahavira cree en Dios ni Buda cree en Dios. La gente cree que son ateos, pero no es así. De ninguna manera. No creen en Dios porque *ellos mismos* son Dios.

Tú crees en Dios porque tu Dios está muy alto, más allá del firmamento; tú no eres más que una criatura que se arrastra por la tierra. ¿Por qué un Buda debe creer en Dios? Tiene a Dios en su interior, él mismo se ha convertido en el templo de Dios. Así que, aunque Gautama Buda y Mahavira negaron la existencia de Dios, la razón de su negación no es la misma que la de los ateos.

El ateo niega a Dios porque su existencia no puede probarse a través de la lógica. El ateo debería negar el amor también, pues el amor tampoco puede probarse a través de la lógica.

He conocido muchos ateos y les he hecho sólo una pregunta:

—¿Te has enamorado alguna vez?

Y se han sorprendido. Han dicho:

—¿Por qué cambias de tema? Estábamos hablando de Dios.

Y dije:

—No estoy cambiando de tema, estoy *tocando* el tema. ¿Alguna vez te has enamorado?

Y me contestaron:

—Sí, hemos conocido el amor.

—Entonces —dije—, piensen una vez más: ¿pueden probar científicamente, racionalmente, lógicamente, que el amor existe?

Y me respondieron:

—No, no podemos.

—Entonces —dije—, dejen de negar a Dios, pues han estado negando a Dios por las mismas razones.

Sólo un hombre como Gautama Buda tiene el derecho de negar a Dios, pues lo ha encontrado. Y lo ha encontrado no en otro sitio sino en sí mismo. Pero Dios no es un objeto sino que es su propia subjetividad.

Resulta extraño que esas dos personas, Gautama Buda y Mahavira, sean las únicas personas en el mundo que han predicado la no violencia. La no violencia es su expresión para el amor. Evitaron usar la palabra «amor» porque el amor anda en malas compañías. Vas con una prostituta y le dices:

—Te amo.

El amor ha caído en una alcantarilla. Es por eso que tuvieron que encontrar algo virginal, algo puro. Pero eso quiere decir amor: «no violencia».

Y al mismo tiempo debo recordarles que las personas que han creído en Dios en el cielo no han sido no violentas. Mahoma no es no violento. Tampoco lo es Moisés ni lo es Jesús.

En veinte siglos, los cristianos han matado tanta gente que es imposible contarla. Los mahometanos han matado continuamente durante catorce siglos y las personas que son mahometanas no son las que se convirtieron en busca de la verdad; se convirtieron porque son cobardes. La religión mahometana llegó al pueblo con una espada en una mano y el sagrado Corán en la otra: «Puedes escoger. No se necesitan argumentos, la espada es el argumento». Aquellos que tenían algo de coraje murieron antes que escoger por miedo.

El amor no puede surgir del miedo. Los cristianos han cambiado de tácticas porque los tiempos han cambiado, pero la historia es la misma: la santa Biblia en una mano y un pedazo de pan en la otra: «Puedes escoger». ¿Has visto a alguien que se haya convertido al cristianismo por razones de valores más sublimes, verdades más grandes, ideas más profundas? ¿Has visto a alguien que sea rico, culto y educado convertirse al cristianismo? No. Se requieren mendigos, se requieren huérfanos, porque son *ellos* los que necesitan alimento. Tienen hambre. Tienen hambre, no de verdad; tienen hambre de pan, tienen hambre de abrigo, tienen hambre de protección. ¿Es esto una conversión?

> El amor no posee y no se deja poseer: porque el amor se basta a sí mismo. Cuando amen no deben decir: Dios está en mi corazón...

...porque esto puede convertirse en tu ego. Por eso Al-Mustafá dice:

> Debes decir: estoy en el corazón de Dios.

Ha mejorado la primera afirmación, pero a la segunda afirmación también le caben mejoras. Mi sugerencia es que se diga: «El amor existe y yo no existo».

> Y no piensen que pueden dirigir el curso del amor, porque el amor, si los halla dignos, dirigirá el curso de ustedes.

Relájate y confía en el amor. Y permite que el amor te conduzca. De la misma manera como todo río desemboca en el mar, todo riachuelo de amor que brota de tu corazón fluye hacia lo universal, hacia lo fundamental, hacia Dios.

> El amor no tiene más deseo que el de alcanzar su plenitud. Pero si aman y han de tener deseos, que sean así...

Pero si no tienes la fuerza de entregarte totalmente al amor y tienes otros deseos, entonces, dice Al-Mustafá, que sean *estos* deseos:

> De diluirse en el amor y ser como un arroyo que canta su melodía a la noche. De conocer el dolor de sentir demasiada ternura. De ser herido por la comprensión que se tiene del amor; y de sangrar de buena gana y alegremente. De despertarse al alba con un corazón alado y dar gracias por otra jornada de amor; de descansar al mediodía y meditar sobre el éxtasis del amor; de volver a casa al crepúsculo con gratitud...

Si no logras dejarte ir totalmente, entonces, poco a poco, paso a paso, acércate a la gratitud.

> Y luego dormirse con una plegaria en el corazón por el bienamado, y con un canto de alabanza en los labios.

2

El matrimonio: juntos para siempre

Entonces Almitra habló de nuevo y dijo:

—¿Y qué nos dices del matrimonio, maestro?

Y él respondió, diciendo:

—Han nacido juntos y juntos permanecerán por siempre jamás. Juntos estarán cuando las blancas alas de la muerte dispersen sus días. Sí, juntos permanecerán en la silenciosa memoria de Dios. Pero dejen que haya espacios en su unión, y que los vientos del cielo dancen entre ustedes. Ámense uno al otro, pero no hagan del amor una atadura: que sea un mar agitado entre las playas de sus almas. Llénense las copas el uno al otro, pero no beban en una sola copa. Compartan su pan, pero no coman del mismo trozo. Bailen y canten juntos y sean alegres; pero permitan que cada uno pueda estar solo, al igual que las cuerdas del laúd están separadas y, no obstante, vibran con la misma música.

Dense sus corazones, pero no se los entreguen en prenda mutuamente. Ya que sólo la mano de la vida puede contener sus corazones. Vivan juntos, pero tampoco demasiado próximos; porque las columnas del templo guardan distancia, y la encina y el ciprés no crecen el uno a la sombra del otro.

Al-Mustafá ha hablado del amor; lo siguiente por considerar es, obviamente, el matrimonio, pero no el matrimonio que tú conoces. No el matrimonio que todo el mundo ha practicado, pues no se basa en el amor. No tiene sus raíces en el amor. De hecho, es la estratagema de una sociedad astuta, de los sacerdotes y los políticos, para eludir el amor.

De ahí que en épocas pasadas existían —y en antiguos países orientales existen todavía hoy— los matrimonios infantiles. Los niños no saben nada de la vida, no saben nada del matrimonio. Todas las culturas y civilizaciones han encontrado la manera de explotar su inocencia. Antes de que brote el amor en su corazón, ya son esclavos.

El matrimonio como existe actualmente no sólo no surge del amor sino que va *en contra* del amor. Es tan destructivo que resulta imposible encontrar algo que lo sea más del espíritu humano, de la dicha humana, del espíritu lúdico humano, del sentido del humor humano.

En el matrimonio infantil, a los niños que van a casarse ni siquiera se les pregunta. Se consulta a los astrólogos, se consulta a los quirománticos, se consulta el *I Ching*, se examina el tarot. El factor decisivo no es la vida de los niños que van a casarse; el factor decisivo son los padres de cada uno de ellos. El amor no le preocupa a nadie. Cada cual tiene sus propios intereses, la familia, el prestigio de la familia, la respetabilidad en la sociedad, el dinero que será transferido de los padres de la niña a los del niño. Es extraño que las dos personas que van a casarse, que van a vivir una larga vida juntas en el futuro, se encuentren totalmente excluidas. Es un negocio; todo lo demás es lo que cuenta.

Por ejemplo, las familias reales les permiten a sus hijos emparentarse sólo con otras familias reales. Es política, pura política. Observa solamente a las familias reales europeas; todas ellas están unidas por el matrimonio de una u otra manera. Eso evita los conflictos, evita la invasión, y fortalece a las familias. Cuando cuatro o cinco familias reales se conectan por medio de sus hijos, tienen cinco veces más poder. Aunque es totalmente contrario a la fisiología, contrario a los descubrimientos de la ciencia médica, continúa, como si la sangre real tuviera alguna cualidad especial que no tiene la sangre del plebeyo...

Y todas las familias reales de Europa han tenido enfermedades hereditarias. Piénsalo: ni uno solo de los hombres de esas familias reales ha demostrado la menor inteligencia, el menor don. ¿Cuál es la razón? Deberían ser las personas más inteligentes del mundo, pero son las más retrasadas. Es simplemente un hecho médico que el matrimonio no debería ocurrir entre parientes cercanos.

Si eres hindú, nunca te cases con un hindú; un mahometano es mejor, un cristiano es mejor. Si eres judío, encuentra un hindú. Y no te preocupes, pues ellos también son muy cercanos, desde las profundidades de un lejano pasado. Por el momento los ves como muy separados, tal como ves separadas las ramas de un gran árbol, y las ramas pequeñas aún más separadas entre sí.

Pero al mirar más profundamente, encuentras el tronco, todas salen de la misma fuente.

Mi manera de ver es la siguiente: Si el hombre desea convertirse en un superhombre debe informarse. ¿Hay habitantes en Marte o en algún otro planeta? El matrimonio entre aquéllos y los terrestres generará el superhombre. Su vida será larga, su salud perfecta. Su inteligencia será superior.

Pero los padres han estado decidiendo y consultando a idiotas sus decisiones: los astrólogos, ¿qué tienen que ver las estrellas contigo? Vives en un planeta tan pequeño que las estrellas tal vez no se han dado cuenta de tu planeta... y están muy lejos. Algunas estrellas están tan lejos que nunca sabrán que un planeta como la Tierra haya existido jamás.

Los rayos de luz viajan a una velocidad extraordinaria, la velocidad máxima. Cuando no existía la Tierra... pues la Tierra no tiene sino 4 000 millones de años; hace 4 000 millones de años, miles de estrellas comenzaron a despedir sus rayos, no hacia la Tierra, sino como radiación natural. Pero están tan lejos... aunque la velocidad de sus rayos es máxima, no hay otra velocidad más alta que ésa; un rayo viaja a 300 000 kilómetros por segundo. Imagínate en un minuto: tendrás que multiplicar por sesenta. Imagínate en todo un día: el número será veinticuatro multiplicado por sesenta más. ¡Imagínate en todo un año! El número será trescientas sesenta veces mayor.

No teníamos ni idea, porque la medición en kilómetros no puede ser la medida acertada; de otra forma, ¡tendrías que escribir todo un libro! Miles y miles de ceros sólo para referirse a la estrella más cercana. La estrella más cercana envía sus rayos en cuatro años, así que recuerda que ya no está donde la ves. Estaba allí hace cuatro años. Entonces, por la noche lo que ves es una ilusión absoluta; ya no hay ninguna estrella donde la estás viendo. Tal vez hace mil años, o un millón de años, o cuatro millones de años había una estrella ahí. Entretanto, puede haber viajado millones de kilómetros...

Y hay estrellas más lejos. Sus rayos aún no han llegado a la Tierra, y tal vez cuando sus rayos lleguen a la Tierra, la Tierra ya no existirá...

En este vasto universo, la Tierra es muy pequeña, insignificante. Aun si se compara con el sol, es muy pequeña... el sol es miles de veces más grande que la Tierra. Y nuestro sol mismo es bastante mediocre. Hay soles miles de veces más grandes, que percibes como estrellas. Se ven pequeñas porque están tan lejanas. Una Tierra tan pequeña y la hemos dividido en cientos de pequeños fragmentos. Y hemos hecho del ser humano un extraño para los otros seres humanos.

Vean la estupidez de todo ello: antes de 1947, los habitantes de Paquistán no eran extranjeros; ahora lo son. Los habitantes de Bangladesh no eran extranjeros; ahora lo son.

Los políticos no pueden vivir sin crear conflictos, peleas, guerras. Para ello se requiere todo ese fraccionamiento, y cada fragmento intenta mantener a sus habitantes en el interior de sus límites. Es por eso que no puedes casarte con una mujer mahometana o con un hombre hindú. Tu sociedad es sanguinaria; si un hombre o una mujer se sale de su rebaño, es un voto menos. La verdad no cuenta; tampoco cuenta el bienestar del ser humano. Lo único que cuenta es el poder. Y el poder es una necesidad sólo para las personas más inferiores.

El hombre no puede comer poder, no puede beber poder, ¿por qué tanta lucha? ¿Por qué quiere estar en la cúspide, controlarlo todo? Sufre de un complejo de inferioridad. En el fondo sabe que no es nadie y teme que si no comprueba que es alguien especial, extraordinario, los demás van a descubrir su insignificancia, su mediocridad.

Una persona verdaderamente superior no tiene ansia de poder. El ansia de poder surge de la pobreza interior; el ansia de dinero, de la pobreza interior. A los padres no les interesa una vida feliz para sus hijos, les interesa que sean ricos y que estén bien relacionados; pues esas relaciones, esos contactos, les son útiles para subir más alto en la escala del poder.

Así, a lo largo de miles de años, el matrimonio ha sido una de las cosas más feas que han inventado las personas ansiosas de poder.

Al-Mustafá no está hablando del matrimonio que conoces. Ni siquiera está hablando del matrimonio por amor, que es una evolución reciente en los países desarrollados. El matrimonio infantil desapareció y las personas se casan cuando se enamoran. Pero no conocen el amor; el misterio del amor les es absolutamente desconocido. De hecho, llaman amor a algo muy diferente: llaman amor al deseo. Los así llamados matrimonios por amor no son más que deseo a ciegas.

El amor nunca es ciego. Como existe esa confusión, y no se hace una diferenciación, las personas han comenzado a hablar del «amor ciego». El amor te aclara la vista, te limpia los ojos. El deseo ciertamente es ciego porque es biológico y no tiene nada que ver con la espiritualidad.

> Entonces Almitra habló de nuevo y dijo:
> —¿Y qué nos dices del matrimonio, maestro?

Por primera vez, Almitra se dirige a Al-Mustafá llamándolo «maestro»... porque se acerca el momento de la separación. Y porque lo que ha dicho sobre el amor sólo lo puede decir un maestro, alguien que sabe, alguien que sabe por experiencia propia.

> Y él respondió, diciendo:
> —Han nacido juntos...

No hay que malinterpretar esta declaración. Él no dice que todo hombre nace con una posible esposa en algún lugar. Está diciendo algo totalmente diferente. Dice: «Han nacido juntos». Nacieron juntos en el amor porque se volvieron nuevos, se volvieron flamantes, se volvieron jóvenes, se volvieron canción, se volvieron danza, como nunca antes.

> ...Y juntos permanecerán por siempre jamás.

Si nacen del amor, si su unión no nace del deseo, su amor será cada día más profundo. El deseo lo degrada todo, pues a la biología no le interesa si permanecen juntos o no. Su interés está en la reproducción, y para eso no hay necesidad de amor. Se puede producir hijos sin amar.

He estado observando toda clase de animales. He vivido en los bosques, en las montañas y siempre me ha llamado la atención que cuando los animales hacen el amor siempre tienen un semblante muy triste. Nunca he visto animales hacer el amor con alegría; es como si alguna extraña fuerza los presionara para hacerlo.

No emerge de su propia voluntad; no es una expresión de libertad sino de esclavitud. Eso los entristece.

He observado lo mismo en los seres humanos. ¿Alguna vez han visto a una pareja casada de viaje? Uno puede desconocer si están casados o no, pero si ambos están tristes es seguro que lo están.

Viajaba de Delhi a Srinagar. En mi compartimento con aire acondicionado quedaban sólo dos puestos, y uno de ellos estaba reservado para mí. Entró una pareja, una bella mujer y un hombre joven muy apuesto. Los dos no cabían en el pequeño espacio, por lo que él dejó a la mujer y fue a sentarse en otro compartimento. Pero volvía en cada estación, trayéndole dulces, frutas y flores.

Yo observaba toda la escena. Yo soy un buen observador. Le pregunté a la mujer:

—¿Cuánto tiempo llevan casados?

Ella respondió:

—Ya son unos siete años.

Le dije:

—¡No me mienta! Pueden engañar a cualquiera, pero no me engañan a mí. Ustedes no están casados.

Ella se quedó atónita. Se lo decía un extraño, alguien que no había hablado... que simplemente había estado observando. Dijo:

—¿Y cómo lo supo?

Respondí:

—No es difícil, es muy simple. Si él fuera su marido, una vez desaparecido, usted hubiera sido afortunada si él hubiera vuelto en la estación donde se iban a bajar.

—Usted no me conoce, y yo no lo conozco —me contestó—. Pero tiene razón en lo que me dice. Es mi amante. Es un amigo de mi marido.

—Entonces todo está bien —le dije.

¿Qué ocurre entre marido y mujer, aun tras un matrimonio por amor? No es amor, y todos lo han aceptado como si supieran lo que es el amor. Es puro deseo. Pronto están hartos el uno del otro. La biología los ha atrapado para reproducirse y pronto ya no queda nada —el mismo rostro, la misma geografía, la misma topografía— ¿cuántas veces la han explorado? El mundo entero está triste a causa del matrimonio, pero el mundo aún no está consciente del motivo.

El amor es uno de los fenómenos más misteriosos. Al-Mustafá nos habla de ese amor.

Han nacido juntos... en el momento en que el amor surgió en ustedes. Ése fue su verdadero nacimiento. ...*Y juntos permanecerán para siempre jamás*, porque no es deseo. No pueden hastiarse porque no es deseo.

Una vez que han producido hijos, la biología los abandona y les parece raro estar viviendo con un extraño. La mujer te es desconocida, el hombre te es desconocido. Todo lo que hacen es pelearse, regañarse, atormentarse. Eso no es amor.

El amor es el florecimiento de la meditación. La meditación trae muchos tesoros; el amor es tal vez la rosa más bella que crece en el rosal de la meditación.

> Juntos estarán cuando las blancas alas de la muerte dispersen sus días. Sí, juntos permanecerán en la silenciosa memoria de Dios. Pero que haya espacios...

Recuerda esta afirmación: ...*que haya espacios en su unión.*

Permanezcan juntos pero no intenten dominar, no intenten poseer y no destruyan la individualidad del otro. Eso está ocurriendo en todas partes. Pero los esclavos no pueden ser felices. Han perdido su integridad, su individualidad. Se han vendido.

Así que cuando vivan juntos, *que haya espacios...* El marido llega tarde a casa; no hay necesidad de que la esposa le pregunte dónde ha estado o por qué llega tarde. Él tiene su propio espacio; es un individuo libre. Dos individuos libres viven juntos y ninguno de ellos invade el espacio del otro. Si la esposa llega tarde, no hay necesidad de preguntarle: «¿Dónde has estado?». ¿Quién eres tú? Ella tiene su propio espacio, su propia libertad.

Pero tales cosas ocurren cada día, en cada hogar. Se pelean por pequeñeces, pero en lo más profundo la cuestión es que no están dispuestos a permitirle al otro disfrutar de su propio espacio.

Los gustos varían. A tu esposo puede gustarle algo que a ti no te guste. Eso no significa que deba ser el comienzo de una pelea, o que porque son marido y mujer les deban gustar las mismas cosas. Y todas esas preguntas... todo marido piensa, mientras regresa a casa: «¿Qué me irá a preguntar? ¿Cómo le voy a responder?». Y la mujer sabe lo que va a preguntar y lo que él va a responder, y todas esas respuestas son falsas, ficticias. Él la está engañando.

¿Qué clase de amor es ese que siempre genera sospechas, que siempre teme los celos? Si tu esposa te ve con otra mujer —sólo riendo, charlando—, es suficiente para dañarte toda la noche. Te vas a arrepentir: es demasiado a cambio de un poco de risa. Si el marido ve a la esposa con otro hombre y ella parece más alegre, más feliz, es suficiente para crear un conflicto.

Las personas no son conscientes de que no saben qué es el amor. El amor nunca sospecha; el amor nunca es celoso. El amor nunca interfiere con la libertad del otro. El amor nunca se impone. El amor da libertad, y esa libertad es posible sólo si hay espacio en su unión.

Ésta es la belleza de Kahlil Gibran... una inmensa conciencia. El amor debería alegrarse de que su mujer esté feliz con alguien, pues el amor quiere que su mujer sea feliz. El amor quiere que el marido esté dichoso. Si sólo está hablando con alguna mujer y se siente dichoso, la esposa debería estar feliz y sin razón de pelear. Están juntos para que su vida sea más feliz, pero sigue ocurriendo lo contrario. Parece que los maridos y las esposas se juntan para hacer más triste su vida, para arruinársela. La razón es que no comprenden el significado del amor.

Pero que haya espacios en su unión... no es contradictorio. Cuanto más espacio se den mutuamente, más juntos están. Cuanta más libertad se den mutuamente, más íntimos son. Pero no enemigos íntimos sino amigos íntimos.

Y que los vientos del cielo dancen entre ustedes.

Es una ley fundamental de la existencia que pasar demasiado tiempo juntos, sin dejar espacio para la libertad, destruye la flor del amor. La has aplastado. No le has dado suficiente espacio para crecer.

Recientemente los científicos descubrieron que los animales tienen una necesidad imperiosa de territorio. Seguramente has visto los perros orinar en una columna u otra, ¿crees que es inútil? No lo es. Están fijando las fronteras: «Éste es mi territorio». El olor de la orina evita que otro perro lo invada. Si otro perro se acerca a esa frontera, el perro que ha marcado su territorio no se molestará. Pero si el otro da un paso más, habrá una pelea.

Todos los animales salvajes hacen lo mismo. Hasta el león. Si no cruzas su frontera, no te atacará, eres un caballero. Pero si cruzas su frontera, no importa quién seas, te matará.

No hemos descubierto aún las necesidades de territorio de los seres humanos. Tal vez las hayas sentido, pero no se han establecido científicamente todavía. Observa en cualquier ciudad grande cuando el tren está repleto... las personas están de pie, muy pocas han encontrado dónde sentarse. Observa a las personas de pie, aunque estén muy cerca unas de otras, intentarán por todos los medios no tocarse.

En la medida en que el mundo está cada vez más superpoblado, más y más personas se están volviendo locas, se suicidan, asesinan por la sencilla razón de que no tienen espacio propio. Por lo menos los amantes deberían estar conscientes de que la esposa necesita su propio espacio como también lo necesitas tú.

Uno de mis libros favoritos es *Akhari Kavita* [*El último poema*], de Rabindranath Tagore. No es un libro de poesía, es una novela, pero una novela muy extraña, llena de lucidez.

Una joven y un hombre se enamoran y, como suele suceder, inmediatamente quieren casarse. La mujer dice:

—Sólo con una condición...

Ella es muy culta, muy sofisticada, muy rica.

El hombre dice:

—Cualquier condición es aceptable, pues no puedo vivir sin ti.

Ella dice:

—Primero escucha la condición; después, piénsalo. No es una condición habitual. La condición es que no vivamos en la misma casa. Tengo un terreno grande, un bello lago rodeado de preciosos árboles, jardines y prados. Te haré una casa cerca de la mía, justo frente a donde yo vivo.

Él dice:

—Pero ¿entonces para qué casarnos?

Y ella responde:

—El matrimonio no significa destruirse mutuamente. Yo te doy tu espacio y yo tengo el mío. De vez en cuando, caminando en el jardín, tal vez nos encontremos. De vez en cuando, paseando en barco en el lago, tal vez nos encontremos, accidentalmente. O a veces puedo invitarte a tomar té conmigo, o tú puedes invitarme a mí.

El hombre dice:

—Esa idea es totalmente absurda.

La mujer dice:

—Entonces olvídate del matrimonio. Es la única idea acertada, sólo así podrá seguir creciendo nuestro amor porque nuestra relación permanecerá nueva y fresca. Nunca nos trataremos con indiferencia. Tengo todo el derecho de rechazar tu invitación, como tú lo tienes de rechazar la mía. Ni tu libertad ni la mía se verán perturbadas. Entre esas dos libertades crece el bello fenómeno del amor.

Desde luego el hombre no entendió y abandonó la idea. Pero Rabindranath tiene la misma percepción que Kahlil Gibran... y escribían más o menos al mismo tiempo.

Si es posible tenerlos ambos, el espacio y la unión, entonces...

> Que los vientos del cielo dancen entre ustedes. Ámense uno al otro, pero no hagan del amor una atadura...

Debería ser un don, libremente dado o recibido, pero no exigido. O, por el contrario, estarán juntos pronto pero tan distantes como las estrellas más lejanas. No habrá puentes de comprensión; no habrán dejado ni siquiera el espacio necesario para un puente.

> Que sea un mar agitado entre las playas de sus almas.

Que no sea algo estático. Que no se convierta en rutina. *Que sea un mar agitado entre las playas de sus almas.*

Si la libertad y el amor, juntos, pueden ser tuyos, no necesitas nada más. Tienes todo, todo aquello para lo cual se te dio la vida.

> Llénense las copas el uno al otro, pero no beban en una sola copa.

Él está intentando hacerte entender que estas dos cosas aparentemente contradictorias —espacio y unión— son posibles. *Llénense las copas el uno al otro, pero no beban en una sola copa.* Es una diferencia muy sutil pero muy bella.

> Compartan su pan, pero no coman del mismo trozo. Bailen y canten juntos y sean alegres; pero permitan que cada uno pueda estar solo...

No rebajes al otro de ninguna manera.

Al igual que las cuerdas del laúd están separadas y, no obstante, vibran con la misma música.

Las cuerdas del laúd están separadas, pero vibran con la misma música. La separación, el espacio, está en la individualidad de las cuerdas. El encuentro, la fusión y la unión están en la música. Esa música es el amor.

Dense sus corazones, pero no se los entreguen en prenda mutuamente.

Dar es algo noble. El amor da incondicionalmente, pero no entrega el corazón *en prenda*.

Ya que sólo la mano de la vida puede guardar sus corazones. Vivan juntos, pero tampoco demasiado próximos...

Es necesario mantenerse alerta. Es posible estar juntos sin destruirse el uno al otro. No vivir demasiado próximos, dejar espacios.

Porque las columnas del templo guardan distancia...

Mira esas columnas. Se mantienen apartadas; sin embargo, sostienen el mismo techo. Hay espacio e individualidad, pero también unión y encuentro porque están sosteniendo el mismo techo.

Y la encina y el ciprés no crecen el uno a la sombra del otro.

Se requiere suficiente espacio para que el uno no esté a la sombra del otro. De no ser así, no crecerán.

¿Por qué es que los enamorados están constantemente enojados o tristes? Porque su propio crecimiento personal está estancado. Uno de los dos ha tapado todo el cielo y no le ha dejado al otro ni un espacio mínimo para el sol, para el viento, para la lluvia. Eso no es amor, es posesión.

El amor preferiría verlos crecer al mismo ritmo, alcanzar la misma altura, para que puedan danzar juntos al sol, en el viento, en la lluvia.

Su unión debe ser un arte. El amor es el arte más sublime que existe.

3

Los hijos: el ansia de la vida por la vida misma

Y una mujer que estrechaba a un niño contra su seno dijo:

—Háblanos de los hijos.

Y él dijo:

—Sus hijos no son sus hijos. Son los hijos y las hijas del ansia de la vida por la vida misma. Vienen a través de ustedes, pero no son de ustedes. Y aunque vivan con ustedes, no les pertenecen. Pueden darles su amor, pero no sus pensamientos, porque ellos tienen sus propios pensamientos. Pueden hospedar sus cuerpos, pero no sus almas, pues sus almas habitan en la casa del mañana, que ustedes no pueden visitar, ni siquiera en sueños. Pueden esforzarse en ser como ellos, pero no intenten hacerlos a ellos como ustedes. Ya que la vida no retrocede, ni se detiene en el ayer. Son los arcos con los que sus hijos, cual flechas vivas, son lanzados. El arquero ve el blanco en el camino del infinito, y él, con su poder, los curva para que sus flechas vuelen veloces y lejos. Que la tensión que les causa la mano del arquero sea alegría, ya que así como él ama la flecha que vuela, ama también el arco que permanece firme.

Es casi imposible encontrar un libro comparable a *El Profeta*, de Kahlil Gibran, por la simple razón de que tiene una enorme coherencia interna: primero habla del amor, después del matrimonio y luego habla de los hijos. Es así como fluye en el río de la vida, del amor, al matrimonio, a los hijos.

> Y una mujer que estrechaba un niño contra su seno dijo:
> —Háblanos de los hijos.

Antes de comenzar mis meditaciones sobre Kahlil Gibran, debo señalar una cosa más: que todas estas tres preguntas han surgido de las mujeres. Los hombres también hacen preguntas pero siempre son abstractas... sobre Dios: ¿quién diablos es ese tipo? Sólo una invención de la mente humana y nada más. No es una pregunta auténtica, sobre el cielo y el infierno y miles de otras cosas, pero todo es abstracto. No se refieren en absoluto a la vida. Se puede vivir perfectamente bien sin un Dios. De hecho, *ya estás* viviendo perfectamente bien, que Dios exista o no exista no cambia nada para ti.

He conocido a los teístas y he conocido a los ateos. Si hablas con ellos notarás que sus ideas son diametralmente opuestas. Pero si examinas su vida verás que es igual. Al observar su vida conocerás sus verdaderos problemas: tienen que ver con el amor, tienen que ver con el matrimonio, tienen que ver con los hijos. Pero en sus libros, en su filosofía, hablan de cosas que no tienen la menor importancia.

¿Ves la diferencia? La mujer es más realista, más pragmática, más aterrizada. Tiene raíces. Sus preguntas son más que sólo juegos y acertijos sobre palabras vacías. Y por siglos a las mujeres no se les ha permitido ni siquiera preguntar. Es por eso que la mente de las personas está atestada de basura; y su vida, vacía. No saben nada sobre los verdaderos problemas que hay que enfrentar en todo momento, de la cuna a la tumba.

Un gran filósofo de la India, el doctor Ranade, un hombre contemporáneo, era uno de los humanistas más eruditos y más respetados, lógico y profesor de filosofía en la Universidad de Allahabad. Por aquellos días, el departamento de filosofía de la Universidad de Allahabad se convirtió en el más prominente de la India, y la India tiene casi mil universidades.

Yo lo había visto unos pocos días antes de su muerte. Era ya muy anciano, jubilado, pero la gente seguía llegando de todas partes —no sólo de este país sino de todo el mundo— a hacerle preguntas, a consultarlo.

Yo estaba sentado con él. Me preguntó:

—¿Qué preguntas tienes?

Yo dije:

—No lo sé.

—¿Entonces por qué viniste a verme?

Yo respondí:

—Sólo para verlo y para ver a todas esas personas que continuamente llegan a visitarlo de la mañana a la noche.

Lo observé durante casi seis horas, y todas las personas que lo abordaron le hicieron preguntas abstractas: «¿Existe Dios?», «¿Es real el alma?», «¿Hay vida después de la muerte?». Y él las contestaba.

Después de seis horas, le dije:

—Es usted anciano y yo soy demasiado joven, no parece correcto que yo lo diga, pero tal vez no nos veremos nunca más. Perdóneme si le hago daño: ha desperdiciado toda su vida. En estas seis horas he observado cómo la ha malgastado. No he oído ni una sola pregunta o una sola respuesta que realmente tenga que ver con la vida. Y estas personas llegan de sitios muy lejanos, y usted ha vivido una vida muy larga, pero en lo que me concierne... no crea que le estoy faltando al respeto. Le estoy diciendo esto porque sí le tengo respeto. El poco tiempo que le queda, no lo derroche. En el ocaso de su vida, indague algo auténtico.

Estaba conmocionado, pues nadie nunca le había hablado así. Pero era un hombre honesto. Dijo:

—Soy viejo y, sí, eres joven, pero tienes razón.

La verdadera pregunta no es si existe la vida después de la muerte. La pregunta verdadera es si estás vivo antes de la muerte.

La pregunta verdadera no es si Dios es amor, justo, equitativo, compasivo. La verdadera pregunta es: ¿sabes *tú* qué es el amor? ¿Sabes *tú* qué es la justicia? ¿Sabes *tú* qué es la compasión? ¿Has vivido y probado todos estos tesoros de la existencia?

La pregunta verdadera no es si el alma existe o no. La pregunta verdadera es: ¿alguna vez has explorado en tu interior para ver si existe alguna realidad allí o si eres simplemente un contenedor sin contenido?

Kahlil Gibran no es un filósofo de lo abstracto. Las personas tienen tanto interés en lo abstracto que en realidad están evadiendo los verdaderos problemas de la vida. Son cobardes, no filósofos. Pero estos cobardes dominan completamente el pensamiento mundial.

Todas estas preguntas están surgiendo de las mujeres. Y había una gran multitud de gente, personas eruditas, sacerdotes, filósofos. Pero cuando hacían preguntas, Al-Mustafá —que representa a Kahlil Gibran— no las respondía. El que interroga puede ser un idiota, pero eso no significa que tengas que responder su estúpida pregunta.

Pero en el momento en que Almitra abandonó el templo, Al-Mustafá comenzó a responder en una forma como quizá nadie había respondido antes.

Si le hicieras una pregunta a un gran filósofo como Martin Heidegger, o Jean-Paul Sartre, o Emmanuel Kant, sobre los hijos, se reiría. Diría:

—Somos filósofos y no nos interesan las trivialidades. ¿Los hijos? ¿Es ésta una pregunta filosófica? ¿El matrimonio? ¿Es ésta una pregunta filosófica?

Examina sólo el contenido de los grandes tratados filosóficos del mundo y no encontrarás nada sobre el amor, el matrimonio y los hijos.

Pero les digo que todos esos grandes tratados no son más que una evasión de las realidades de la vida. A Emmanuel Kant le interesa la existencia de Dios pero es incapaz de amar. No era amigo de nadie. Son pequeñeces, y esas personas eran grandes filósofos. Pero repito: son cobardes.

Una mujer le preguntó a Emmanuel Kant..., había esperado mucho tiempo, porque no es habitual en una mujer tomar la iniciativa; parece descortés. Pero la vida es corta. No se puede esperar demasiado. Y la juventud es aún más corta y la belleza es apenas una flor que florece en la mañana y se marchita en la noche. Finalmente la mujer —en contra de su naturaleza femenina, en contra de sí misma— le preguntó a Emmanuel Kant:

—Yo te amo. ¿Me amas tú? Dime sólo un pequeño «sí» y puedo esperar toda la vida.

Pero Emmanuel Kant no pudo decir sí. Dijo:

—Primero tendré que pensarlo.

Le tomó tres años consultar todos los libros de diferentes razas y países, de diferentes siglos, para reunir información sobre el matrimonio, en favor y en contra. Y le intrigó mucho que los pareceres fueran tan equilibrados. Había razones a favor del matrimonio y razones en contra, y su peso era igual.

Su sirviente —vivió toda su vida con un sirviente—, que había estado observando a lo largo de esos tres años, dijo:

—Escúcheme: no soy filósofo, soy un pobre hombre, su sirviente, y no es asunto mío; pero hay un límite. He reprimido la tentación de decirle algo, pero hoy he decidido decírselo. Cuando usted sale a la universidad, he estado leyendo sus apuntes a favor y en contra del matrimonio. Son de igual peso, por lo que usted no puede tomar una decisión. Hay sólo una cosa que quiero decirle, y es que usted aún no ha vivido el amor. Todos esos razonamientos son vanos, no pueden aportarle ninguna vivencia. Mi humilde sugerencia es que cuando ambas caras de la cuestión tengan igual peso y la decisión sea difícil, se decida siempre por el «sí», pues esa respuesta le abrirá la puerta a la experiencia. El «no» le cerrará la puerta a la experiencia.

Emmanuel Kant no podía creer que no se le hubiera ocurrido esta idea. Se apresuró y golpeó a la puerta de la mujer. Salió un anciano. Kant se presentó:

—Soy Emmanuel Kant y tal vez sea usted el padre de la mujer a la cual he venido a decirle «sí».

El anciano respondió:

—Es demasiado tarde. Ella ya se ha casado y tiene dos hijos. Vaya a golpear a otra puerta.

Pero era tan cobarde que no tuvo el coraje de abordar a otra mujer. Toda su gran filosofía... Y sucede de igual manera con todos los otros grandes filósofos. Pero nadie ha tomado en cuenta la psicología: ¿por qué les interesan tanto problemas absurdos, insignificantes y no los verdaderos problemas de la vida? Los verdaderos problemas requieren coraje.

El mundo no ha conocido mujeres que hayan sido grandes filósofas. ¿Cómo podría una mujer ser una gran filósofa? Ella quiere saber: háblanos de los hijos... del matrimonio, del amor. Una mujer posee cierta autenticidad por la simple razón que todos sus intereses están puestos en las cosas pequeñas de la vida, en los asuntos íntimos de la vida, asuntos que ella debe enfrentar en todo momento. Lastimosamente, ha sido una gran pérdida. El mundo está lleno de filosofías estúpidas, fundamentadas en el temor y la cobardía. Le ayudaría mucho a la humanidad escuchar a la mujer, respetar sus cuestionamientos y responderlos, no sólo con el intelecto sino también con el corazón.

Las preguntas de un hombre no requieren del corazón. ¿De qué manera está Dios conectado con tu corazón? ¿O la vida tras la muerte? Éstos son pensamientos del intelecto.

Recuerda lo siguiente: *El Profeta* de Kahlil Gibran abre una dimensión de la filosofía totalmente nueva; atribuye importancia y respeta las pequeñas cosas de la vida, pues la vida se compone de pequeñas cosas, y si no las puedes manejar, olvida los grandes problemas. ¿Y cómo puedes resolverlos? Estás invocándolos simplemente porque no deseas ni siquiera tomar conciencia de los problemas reales y pragmáticos de la vida.

Y él dijo...

Escucha muy cuidadosamente, pues en toda la literatura existen muy pocas afirmaciones tan llenas de belleza, de verdad y de sinceridad:

Sus hijos no son sus hijos.

Un hijo no es una cosa. No se puede poseer un hijo. Decir: «Éste es *mi* hijo», es dar a conocer su ignorancia. La vida no se puede poseer. Puedes tenerla con las manos abiertas, pero en el momento en que las manos se cierran, la vida se escapa de ellas. Casi todos los padres del mundo han destruido a sus hijos al intentar poseerlos. ¿Poseer a un hijo? Si no puedes crear vida, ¿cómo podrías poseerla? Es un don de la abundancia de la existencia. Agradece el haber sido escogido como vehículo.

El hijo vino a través tuyo, pero eso no quiere decir que te pertenece. No has sido nada más que un medio. Si los padres hubieran recordado esa pequeña y simple verdad, el mundo hubiera sido un lugar totalmente diferente.

Son los hijos y las hijas del ansia de la vida por la vida misma.

Es la vida eterna, fluyendo por las montañas, por los bosques, por las planicies. El hijo que ha llegado a través tuyo ha venido a través de muchas otras personas antes de ti. Tiene la eternidad por detrás y por delante. Ha estado en muchas casas, en muchas ciudades, en muchos lugares extraños. Tú eres uno entre millones de vehículos. Sé humilde y respetuoso del hijo. Hasta ahora ninguna sociedad ha sido respetuosa de los niños. Todo el respeto se dirige a los mayores, a los ancianos, a los casi muertos. Todo el respeto es para los cementerios y no hay respeto para las cunas. Y el niño es la vida más pura sin contaminación.

Al-Mustafá tiene razón cuando dice:

> Son los hijos y las hijas del ansia de la vida por la vida misma. Vienen a través de ustedes, pero no son de ustedes...

Vienen de la fuente misma.

> Y aunque vivan con ustedes, no les pertenecen.

Estas breves observaciones tienen enormes implicaciones si comprendes que el niño es *el ansia de la vida por la vida misma*. Por consiguiente, el niño está más cerca de la fuente misma de la vida que el anciano. El anciano está más cerca de la muerte... pero curiosamente la muerte ha sido venerada, respetada, y la vida ha sido aplastada, destruida de todas las maneras posibles.

Sabiendo que viene de él pero que no le pertenece, ningún padre va a imponer a su hijo inocente su religión, su política o sus ideas. El hijo llega como *tabula rasa* —sin nada escrito en él— pero los padres se apresuran a volverlo cristiano, a volverlo hindú, a volverlo budista.

Recuerdo mi propia niñez. Mis padres, desde luego, deseaban que yo fuera con ellos cuando iban al templo de la religión a la que pertenecían, pero yo he sido un poco loco desde siempre.

Les dije:

—Es su religión, es su templo. Deben tener un poco más de paciencia. Denme tiempo. Yo encontraré mi propia religión, mi propio templo.

Ellos respondieron:

—¿Qué tonterías estás diciendo? Todo niño pertenece a la religión en la cual nace.

Yo dije:

—Todo otro niño puede pertenecer o no pertenecer, es cosa suya. Pero en lo que a mí concierne, yo no pertenezco a ninguna religión. Ni siquiera la he buscado. Permítanme, ayúdenme a pararme en mis propios pies. No me conviertan en un discapacitado. No me destruyan. Si existe la verdad, la encontraré. Pero no puede ser prestada, ustedes no me la pueden dar.

No estaban contentos, obviamente. Pero yo nunca escribí junto a mi nombre el nombre de mi religión...

Desde que ingresé a la escuela por primera vez, en todos los formularios ese renglón ha permanecido vacío. Sigue vacío. He encontrado la religiosidad pero no la religión. Y estoy enormemente feliz de que nadie haya intentado imponerme su idea, su dios, su concepto de la existencia.

Todo niño tiene el derecho fundamental a no ser torturado ni condicionado por sus padres, pues uno de los derechos más elementales de todo ser humano es el derecho a la búsqueda, a la indagación, a la peregrinación.

Y aunque vivan con ustedes, no les pertenecen. Pueden darles su amor, pero no sus pensamientos...

Pero lo que se hace es justamente lo contrario. ¿Recuerdas a tus padres? ¿Les interesaba darte su amor incondicionalmente? ¿O les interesaba más usar su amor para contaminar tu mente con su religión, con su ideología política, con su nacionalidad? Pues de otra manera, ¿cómo es que la humanidad está tan dividida? ¿Quién es el criminal que está detrás de todo ello? ¿Por qué tiene que haber tantas naciones? ¿Por qué tiene que haber tantas religiones?

La humanidad es una. La verdad es una. Pero a las personas no se les ha permitido buscar su propio rostro. Se les han dado máscaras y viven toda la vida pensando que ése es su rostro original.

¿Cómo sabes que eres cristiano? Nunca has estado con Cristo. No te dieron otra opción, no te dieron la oportunidad de escoger si querías enamorarte de Cristo o de Gautama Buda o de Mahavira o de Lao Tzu o de Zarathustra.

Tu religión es tu esclavitud. Es tu prisión. Tu cristiandad, tu hinduismo, tu mahometanismo, tu jainismo, todas son cadenas que no ves porque no sujetan tu cuerpo, sujetan tu alma misma. Cualquiera que haya aceptado la ideología de los demás se ha vendido. Es un esclavo, aunque se diga en cada púlpito de cada país que la esclavitud ha desaparecido.

Yo digo que no es cierto. Sí, la esclavitud ha cambiado de forma; se ha vuelto más peligrosa. Si me pones esposas, mi espíritu sigue libre; si me encadenas los pies, mi espíritu sigue libre. Puedes destruir mi cuerpo, pero mi espíritu sigue libre. Pero contaminar tu mente con el hinduismo, con el budismo, con el mahometanismo, con el cristianismo es atarte cadenas invisibles en el espíritu. Ése es un *verdadero* crimen. Y todos los padres del mundo hasta ahora son responsables de él.

> Pueden darles su amor, pero no sus pensamientos, porque ellos tienen sus propios pensamientos.

Sus pensamientos aún no han madurado, son todavía semillas. Aún son posibilidades; pero si se les da libertad y amor, se convertirán en realidades. Y cuando tu propio pensamiento se convierte en realidad le aporta tal gozo a tu ser, tal satisfacción, tal felicidad que no puedes ni soñarlo. No puedes tener ni noción; está más allá de la capacidad de tu mente concebirlo porque madura en tu corazón, florece en tu corazón.

Pueden hospedar sus cuerpos, pero no sus almas...

Con las mejores intenciones, todos los padres son los asesinos de sus propios hijos. En todo el mundo se ven sólo muertos caminando, que perdieron el alma antes de haber tenido la más mínima noción de lo que es.

Pues sus almas habitan en la mansión del mañana, que ustedes no pueden visitar, ni siquiera en sueños.

Tú perteneces al pasado; tus días se agotaron. Los padres no pueden concebir el futuro y los hijos no van a vivir en el pasado; luego no los agobies con tus escrituras muertas. Tendrán sus propias escrituras, sus propios santos. Tendrán sus propios budas, sus propios cristos. ¿Por qué agobiarlos con el pasado? Tienen el futuro libre.

Si amas a tus hijos, no intervengas. Ayúdalos a ser fuertes, ayúdalos a emprender la búsqueda de lo desconocido, pero no les des tus ideas, pues les son completamente inútiles. A causa de ellas, no encontrarán su propio destino. Los estás distrayendo.

Observa a los niños pequeños y verás la claridad de su visión.

He oído que... en una pequeña escuela, un sacerdote cristiano estaba enseñándoles a los niños que Dios creó todas las cosas, todo el universo, en seis días y que el séptimo día descansó.

Un niño pequeño se levantó y preguntó:

—¿Y los trenes?

El sacerdote no sabía qué contestar. Ciertamente, ni en el Nuevo Testamento ni en el Antiguo se menciona que Dios haya creado los trenes. Otro niño pequeño levantó la mano. El profesor le preguntó:

—¿Tú también tienes una pregunta?

El niño dijo:

—No, yo quiero responder.

No podía creer que no pudiera encontrar la respuesta y, sin embargo, este pequeño niño... Dijo:

—Bien, intentemos. ¿Cuál es tu respuesta? Este niño está preguntando qué pasó con los trenes.

El otro niño dijo:

—Está escrito que Dios creó todas las cosas que se arrastran ¡y eso incluye los trenes!

Los niños pequeños tienen una percepción y una claridad... Con los años comienzas a acumular polvo. Y todo el mundo te da consejos, los consejos son lo único en el mundo que todos dan y nadie acepta, pero eso corrompe la mente de los pequeños que dependen de ti.

Al-Mustafá tiene razón: ... *pueden hospedar sus cuerpos, pero no sus almas, pues sus almas habitan en la mansión del mañana.* Tú perteneces al ayer, ellos pertenecen al mañana. Dales todo el amor que puedas. El presente es un lugar de encuentro pero también un punto de partida. Partirás desde el presente, desde donde se han encontrado. Cada día crecerá más la brecha entre tus hijos y tú.

Se habla de la brecha generacional. Es una de las cosas más bellas que se ha dado en el siglo pasado, la brecha generacional. Haz todos los esfuerzos posibles por ampliarla; haz que sea casi insalvable. De otra manera, estarás cargando cadáveres toda tu vida.

Gautama Buda murió hace veinticinco siglos. Jesús murió hace dos mil años. ¿Estamos locos? ¿Por qué deberíamos seguir cargando muertos? Tú llevas veinticinco siglos de adelanto. La evolución no terminó con Gautama Buda; Gautama Buda lleva un retraso de veinticinco siglos. Pero, puesto que estás cargando ese muerto, no puedes crear tus propios budas.

Si estás completamente libre del pasado podrás alcanzar las cumbres más elevadas de la conciencia, más altas que cualquier Cristo y más altas que cualquier Buda. No estamos cayendo hacia abajo. Nuestra conciencia está apuntando hacia las estrellas, pero resulta muy difícil entender una verdad tan obvia.

El pasado es la barrera más grande de tu vida. El pasado ha sido tan feo que se necesita borrarlo de la mente para que la mente esté disponible para el futuro. Estás cargando muchos budas y muchos cristos. ¿Para qué retroceder?

Los padres no deben transmitirles sus pensamientos a sus hijos porque sus pensamientos ya están desactualizados. Los niños tendrán sus propios pensamientos.

Hasta los árboles lo saben. Cada otoño las hojas secas se caen y desaparecen en la tierra para dar lugar a nuevas hojas más verdes, más frescas, más jugosas. Si se aferraran a las hojas viejas, no habría espacio, ninguna posibilidad, para que aparecieran las hojas nuevas.

¿Alguna vez te has preguntado por qué en el mundo contemporáneo no nacen personas como Buda, Lao Tzu, Chuang Tzu, Basho, Kabir, Jesús o Zarathustra? ¿Qué ha ocurrido? ¿Se ha agotado la humanidad? No, la humanidad tiene más fuerza, más energía que nunca. Pero el pasado crece y crece, cada vez más. Naturalmente, cada día, día por día, se une con los ayeres. Y ahora el pasado se ha convertido en una especie de Himalaya en el frágil pecho de los seres humanos. Es ésa la razón por la cual ya no hay hermosos seres humanos como ellos. Y si de vez en cuando surge un ser como ellos, parece tan extraño, tan ajeno que no se puede tolerar. Ha quedado en el olvido cómo era el mundo cuando estaba poblado de miles de personas iluminadas por todas partes. Nadie se sentía molesto. Todo el mundo estaba agradecido.

Pero ahora la situación es completamente diferente. Toda esa carga que llevas en la mente te impide ver lo nuevo. Y lo nuevo está destinado a desplazar lo viejo, lo muerto.

No les des en herencia a tus hijos tu despreciable pasado. Ellos tienen su futuro. Déjalos crecer en concordancia con su propio potencial.

> Pueden esforzarse en ser como ellos...

Es en esto en que Kahlil Gibran se supera en su comprensión profunda:

> Pueden esforzarse para ser como ellos, pero no intenten hacerlos a ellos como ustedes.

¿Y qué dice la Biblia? «Dios creó al hombre a su propia imagen y semejanza». Desde entonces, todo padre intenta criar a sus hijos a su imagen y semejanza. Al-Mustafá dice todo lo contrario:

Pueden esforzarse para ser como ellos, porque son el futuro y porque son inocentes. Están más próximos a la existencia que tú. Para ti ya no hay nada más que la muerte, pero para ellos hay aún mucho por venir: va a venir el amor, va a venir la meditación, va a venir la gratitud. Por favor resiste la tentación de querer que tu hijo sea una copia fiel de ti. Es posible hacer una copia del hijo, pero tendrás que matarlo. Por eso digo que todos los padres están matando a sus hijos sólo para volverlos copias de ellos mismos. Tu hijo tiene el potencial de ser su propio rostro original.

El rostro original tiene belleza, el rostro original tiene algo de divino. El rostro original tiene carisma. Una copia no tiene nada.

> Ya que la vida no retrocede, ni se detiene en el ayer. Son los arcos con los que sus hijos, cual flechas vivas, son lanzados...

...hacia lo desconocido y lo inconocible. No se los impidas. Dales fortaleza, dales amor para que puedan alcanzar la estrella más distante.

Son los arcos con los que sus hijos, cual flechas vivas, son lanzados. El arquero ve el blanco en el camino del infinito, y él, con su poder, los curva para que sus flechas vuelen veloces y lejos.

La existencia desea que te curves como un arco ante tus propios hijos porque ellos tienen que viajar muy lejos y tienes que darles la fortaleza para hacerlo.

Que la tensión que les causa la mano del arquero sea alegría...

Alégrate cuando tu hijo se aleja de ti, cuando se va volviendo un ser por sí mismo. Siéntete bendecido porque no es un idiota obediente. Excepto los idiotas, nadie es obediente.

La inteligencia implica rebelión. Siéntete bendecido y bendice al hijo al que has dado un espíritu rebelde. Debería ser tu orgullo, pero se convierte en la ansiedad de la gente.

Que la tensión que les causa la mano del arquero sea alegría, ya que así como él ama la flecha que vuela, ama también el arco que permanece firme.

La existencia los ama a los dos. Ustedes son hijos de la misma existencia. Pero ocurre que tu tiempo se ha agotado; cédele tu lugar a las flechas nuevas y bendícelas.

4

El trabajo: el amor realizado

Luego un labrador dijo:

—Háblanos del trabajo.

Y él respondió, diciendo:

—Trabajan para seguir el ritmo de la Tierra y del alma de la Tierra. Ya que el ocioso es un extranjero para las estaciones, y se aparta del cortejo de la vida, que majestuosamente y en orgullosa sumisión avanza hacia el infinito. Cuando trabajan, son una flauta a través de cuyo corazón se transforma en melodía el murmullo de las horas. ¿Quién de ustedes querría ser una caña muda y sorda mientras que todo canta al unísono? Siempre se les ha dicho que el trabajo es una maldición; y la labor, un infortunio. Pero yo les digo que cuando trabajan están realizando una parte del más ambicioso sueño de la Tierra, que les fue asignada al nacer ese sueño. Y al mantenerse unidos al trabajo. En verdad están amando la vida. Y amar la vida a través del trabajo es intimar con el más recóndito secreto de la vida. Pero si en su dolor llaman al nacimiento una desgracia, y al sustento de la carne una maldición inscrita sobre sus frentes. Entonces yo les contesto que sólo el sudor de sus frentes lavará lo que está escrito. También se les ha dicho que la vida es oscuridad, y en su hastío, repiten, como eco, lo que aquellos hastiados les dijeran. Y les digo que la vida es en verdad oscuridad, excepto donde hay un anhelo. Y todo anhelo es ciego, excepto cuando hay saber. Y todo saber es vano, excepto cuando hay trabajo. Y todo trabajo es inútil, excepto cuando hay amor. Y cuando trabajan con amor, se atan a ustedes mismos, y el uno al otro, y a Dios.

En estas palabras, Al-Mustafá está ofreciendo su conocimiento más profundo del acto creador. La vida les pertenece a aquellos que son creativos, pues la vida no es más que un largo, eterno proceso de crear más belleza, más verdad... de crear estados de conciencia siempre más elevados y, al final, de crear un dios en tu propio ser.

Hay personas que creen que pueden ser felices sin ser creativas. Es imposible, porque la creatividad es la única manera de relacionarse con el éxtasis de la existencia.

Por lo tanto, escucha sus palabras no con la mente sino con el corazón, porque vienen del corazón y pueden entenderse sólo si se acogen en el corazón. No es la comunicación de una mente a otra. Es una comunión, el llamado más profundo a lo más íntimo de tu ser, lo que has olvidado completamente.

> Luego un labrador dijo:
> —Háblanos del trabajo.
> Y él respondió:
> —Trabajan para seguir el ritmo de la Tierra y del alma de la Tierra.

¿Has observado? En tu entorno la existencia entera está creando continuamente. Es absurda la historia de la Biblia que dice que Dios lo creó todo en seis días y descansó el séptimo día. Y desde entonces no se ha sabido nada más; todavía está descansando. ¿Qué clase de descanso es ése? ¡Seguramente murió! La idea misma de que Dios creó la existencia y todo lo que contiene en seis días es un disparate total.

Antes, yo viajaba por toda la India; lo hice por veinte años. Tenía un viejo sastre que me cosía la ropa. Yo le dije:

—Tengo una necesidad urgente, ¡y esta vez por favor no te comportes como un sastre! Necesito mis trajes listos en seis días, pues el séptimo día me iré de la ciudad.

El viejo sastre me miró y me dijo:

—Acepto. Estarán listos. Pero mire lo que pasa con el mundo: Dios lo creó en seis días, ¡y mire el caos en que está! Ocurrirá lo mismo con sus trajes; así que después no me reprenda.

¿Toda la existencia en seis días? Yo digo que la creación es un proceso continuo y que el séptimo día nunca llega. ¿Has visto alguna vez árboles en vacaciones, o ríos en vacaciones? El domingo, que es el día del sol, éste no debería salir, pues es día festivo. Hasta Dios descansó, entonces ¿por qué el pobre sol debería levantarse y salir?

La existencia es un proceso de creación continua. No ha sido creada por nadie; es divina *en sí misma*. Así que yo quisiera hacer una sustitución en tu mente y en tu corazón: la palabra «Dios» no significa creador, significa creatividad. En mi conocimiento, la gente más feliz del mundo es aquella que puede crear algo. Los más infelices son los no creativos, pues mientras menos creativo eres, más te alejas de la naturaleza —de la Tierra, del cielo, de las estrellas—, cuya danza no tiene ni comienzo ni fin.

Al-Mustafá tiene toda la razón:

Trabajan para poder seguir el ritmo de la Tierra y del alma de la Tierra. Si tu trabajo es una carga para ti, algo hay que hacer, no estás siguiendo el ritmo de la existencia. Estás quedándote atrás. Estar en armonía con la existencia es la única felicidad, no hay otra; y romper la armonía con la Tierra y el cielo, la única desdicha.

El ser humano es infeliz y va a seguir siendo infeliz porque ha perdido el contacto con las fuerzas creativas que lo dieron a luz y lo mantienen vivo. Se ha vuelto inútil: parece que preferiría disfrutar el descanso en una tumba que trabajar, crear y danzar con toda la existencia.

> Ya que el ocioso es un extranjero para las estaciones...

Se nos ha dado una existencia tan preciosa con unas estaciones gloriosas. En otoño, cuando las hojas comienzan a caerse de los árboles, ¿has oído la canción? Cuando el viento sopla entre las hojas muertas que se han amontonado en el suelo... ni las hojas muertas están tan muertas como ha llegado a estarlo el ser humano; ellas todavía cantan. No se quejan de que el árbol las haya dejado caer. Siguen a la naturaleza a donde las lleve. Y ésa es la característica de un corazón verdaderamente religioso: ninguna queja, ningún reproche, simplemente sentir la dicha de todo lo que la existencia te ha dado, que no habías pedido y que no has merecido.

¿Has bailado en la lluvia? No, creaste los paraguas. Y no es sólo para protegerte de la lluvia... has creado paraguas para protegerte de la constante creatividad de la existencia.

De hecho, lo que dice Al-Mustafá es muy moderado, *seguir el ritmo* de la vida. Yo les enseño a las personas a bailar *adelantándose* a la naturaleza. ¿Por qué esperar que la vida entre en movimiento? Deja que la vida intente seguir tu ritmo y sentirás una gran dicha, de la cual la mayoría de los habitantes de la Tierra no tiene la menor conciencia.

> ...Y se aparta del cortejo de la vida, que majestuosamente y en orgullosa sumisión avanza hacia el infinito.

La vida está avanzando continuamente hacia lo eterno, lo infinito, lo fundamental. Si pierdes el contacto, comenzarás a sentirte como un simple cadáver viviente. No podrás reír ni derramar lágrimas de felicidad. Habrás muerto antes de morir; podrás vivir cincuenta años más, pero será una vida póstuma. Ya no serás parte de la hermosa caravana de la vida avanzando hacia lo desconocido.

Es una aventura, un desafío de cada momento.

> Cuando trabajan, son una flauta a través de cuyo corazón se transforma en melodía el murmullo de las horas.

No se trata de un tipo de trabajo en particular, cualquier trabajo que ames. No tienes que ser presidente del país para ser feliz. Tal vez simplemente fabricando zapatos... pero fabricándolos con tal ánimo y entrega que te pierdas completamente en el acto y seas más dichoso que cualquier presidente.

En el momento en que te entregas a tu trabajo, te conviertes en una flauta para los labios de la existencia. Cada uno de tus gestos está lleno de gracia y cada momento tuyo le trae música celestial a la Tierra. Te conviertes en un vehículo.

> ¿Quién de ustedes querría ser una caña muda y sorda mientras que todo canta al unísono?

Es casi inconcebible cuán vasto es el universo. Y los descubrimientos más recientes de la física nos dicen que no es un universo estático, con límites. Está expandiéndose continuamente, agrandándose más y más. A la velocidad de la luz, todas las estrellas se están alejando del centro.

El universo es hoy mucho más grande que lo que fue ayer. Mañana vivirás en un universo aún más grande. Ni la existencia ni su expansión parecen tener límites.

> Siempre se les ha dicho que el trabajo es una maldición; y la labor, un infortunio.

Al ser humano se le han enseñado tantas falsedades, que uno se pregunta: ¿por qué seguimos diciéndoles a nuestros hijos las mismas mentiras que no nos han aportado nada en la vida? Nuestra locura, nuestra inconsciencia, nuestra ceguera deben de ser enormes.

> Siempre se les ha dicho que el trabajo es una maldición; y la labor, un infortunio. Pero yo les digo que cuando trabajan están realizando una parte del más ambicioso sueño de la Tierra...

Cuando estás trabajando, estás participando, creando con amor, devoción y alegría. Sin saberlo te has vuelto parte de la creatividad de todo lo que existe. Tu vida será colmada de felicidad y grandes bendiciones.

La existencia debe realizar un sueño: generar en todo ser viviente las cualidades de un dios. Y ese sueño... *les fue asignado al nacer ese sueño...* desde el comienzo mismo.

Eres la flecha que utiliza la existencia para alcanzar las estrellas más lejanas.

> Y al mantenerse unidos al trabajo, en verdad están amando la vida...

¿Cómo puedes demostrar tu amor por la vida? Existe un bello cuento sufí. Un gran emperador iba al pueblo todos los días en su caballo, en la mañana, cuando estaba saliendo el sol. Era un hermoso ejercicio para él y también una manera de constatar cuánto había crecido su ciudad, cuán bella se estaba volviendo su capital.

Había soñado con convertirla en el lugar más bello de la Tierra. Pero algo lo dejaba perplejo... detenía su caballo y observaba a un anciano, que debía tener unos ciento veinte años. El anciano siempre estaba trabajando en su jardín, sembrando semillas, regando los árboles, árboles que durarían cientos de años en llegar a la juventud, árboles que vivirían cuatro mil años.

El emperador se sentía perplejo, pensaba: «Este hombre ya casi está en la tumba; ¿para quién está sembrando esas semillas? Nunca verá las flores ni los frutos. Es imposible que el hombre llegue a ver los resultados de su labor».

Un día no pudo resistir la tentación. Se bajó de su caballo y se dirigió al anciano:

—He estado pasando por aquí todos los días y la misma pregunta me surge cada vez. Pero ahora se me ha hecho imposible no interrumpir su trabajo por sólo un momento. Quiero saber: ¿para quién está sembrando esas semillas? Los árboles madurarán cuando usted ya no se encuentre aquí.

El anciano miró al emperador y se rio. Dijo:

—Si ésa hubiera sido la lógica de mis ancestros, yo no hubiera podido disfrutar las flores y los frutos de este bello jardín. Yo soy jardinero por tradición, mi padre y mi abuelo sembraban semillas y yo he comido los frutos. ¿Y qué de mis hijos? ¿Y qué de los hijos de mis hijos? Si mi padre y mi abuelo hubieran pensado como usted, no existiría este jardín. La gente viene desde muy lejos a ver este lugar porque tengo árboles que tienen miles de años. Simplemente hago lo que puedo por agradecimiento. Y en cuanto a sembrar semillas... ver brotar las hojas verdes al llegar la primavera es un gozo tal que se me olvida completamente cuántos años tengo. Estoy más joven que nunca. He permanecido joven porque he seguido siendo creativo. La muerte se lleva a las personas que se han vuelto inútiles. Tal vez por eso he vivido tanto tiempo y sigo siendo joven. La muerte es compasiva conmigo porque sigo el ritmo de la vida. La existencia me extrañará; la existencia no es capaz de reemplazar a nadie. Tal vez es por eso que sigo vivo. Pero tú eres joven y haces las preguntas de un hombre que se está muriendo. Y la razón es que no eres creativo.

La única manera de amar la vida es creando más vida, volviendo la vida más hermosa, más fructífera, más jugosa. No abandones esta Tierra hasta que no la hayas dejado un poquito mejor que de lo que era cuando naciste. Ésa es la única religión que yo conozco. Todas las otras religiones son falsas.

Yo enseño la religión de la creatividad. Al crear más vida serás transformado, pues alguien que es capaz de crear vida ya se ha convertido en parte de Dios, de la divinidad.

> Y amar la vida a través del trabajo es intimar con el más recóndito secreto de la vida.

¿Cuál es el secreto más recóndito? Que la vida nunca muere. Sólo cambian las formas: las hojas viejas se caen y brotan las nuevas; los árboles viejos desaparecen, pero antes de desaparecer ya han dispersado millones de semillas por todas partes.

En la India hay un árbol... el árbol se llama *semal*. Es un árbol muy inteligente porque... es muy grande. Bajo su sombra pueden sentarse centenares de personas. Naturalmente tiene miedo: si sus semillas caen debajo, sin sol, morirán. Tiene que encontrar la manera de que sus semillas se dispersen lo más lejos posible.

Así que el *semal* genera una semilla envuelta en lana de algodón; es la lana de algodón más bella. A causa de la lana de algodón, la semilla no puede caer a la tierra directamente y el viento la lleva muy lejos. Así, el árbol garantiza que sus hijos tendrán un lugar para crecer. La existencia no es tonta. Su inteligencia misma es otro nombre de Dios. El *semal* morirá un día, pero antes de morir se asegurará de que miles de árboles de *semal*, sus hijos, participarán en la misma hermosa vida, la danza en la lluvia, en el sol, en el viento.

> Pero si en su dolor llaman al nacimiento una desgracia, y al sustento de la carne una maldición inscrita sobre sus frentes, entonces yo les contesto que sólo el sudor de sus frentes lavará lo que está escrito.

Todas las religiones le han mentido a la gente. Parece ser parte de la profesión de sacerdote el mentir, y mentir de tal manera que la gente comienza a creerlo. Han estado diciendo: «Hagas lo que hagas, no puedes cambiar tu destino. Está escrito en tu frente». No hay nada escrito ahí. Tú tienes que escribirlo por medio de lo que haces, de lo que llegas a ser.

Cada cual crea su propio destino. Y aun si hubiera algo escrito allí, Al-Mustafá te dice: «No te preocupes, el sudor lo lavará. Sé creativo con tal intensidad que aun si hay algo escrito, te será lavado», aunque lo cierto es que no hay nada escrito. Tú llegas al mundo totalmente libre.

Lo que llegues a ser es responsabilidad tuya. Sólo los tontos van a consultar a los astrólogos, sólo a los tontos les preocupa su carta astral. La persona inteligente crea su propio destino, su propia vida. No pierdas tu tiempo con la astrología, la carta astral, el tarot o el *I Ching*. Aprende a amar la vida y a realizarla con el corazón. Lo que puedas hacer, hazlo.

> También se les ha dicho que la vida es oscuridad y, en su hastío, repiten, como eco, lo que aquellos hastiados les dijeran.

Esta declaración es más importante que todas las escrituras religiosas del mundo, pues éstas te dicen: «La vida es oscuridad, la vida es un castigo. Estás sufriendo todas estas desgracias, estos dolores y preocupaciones, por tus actos malvados del pasado». Éstas son personas que no han sido creativas; por ello están desafinadas y no siguen la melodía. Son infelices.

Observa a tus santos —no importa que sean cristianos o hindúes o mahometanos o jainianos—, todos están en contra de la vida, son contrarios a la vida. «Tienes que renunciar a esta vida. Sólo con tu renuncia podrás complacer a Dios».

Pero si renuncias a la vida, te vuelves incapaz de ser creativo. Por eso es que tus santos son la gente menos creativa del mundo.

De otra manera, el mundo hubiera sido un paraíso. Pero porque no siguen la melodía, son infelices; porque están cansados de ser infelices, porque están hastiados, creen que algo anda mal con la vida.

La realidad es justamente lo contrario: todo está bien en la vida y algo está mal con esos santos. Tus santos son personas enfermas, necesitan tratamiento psicológico. Y en lugar de brindarles tratamiento psicológico, los has estado adorando, satisfaciendo su ego. Se entristecen aún más porque la tristeza les proporciona, sin ningún esfuerzo, satisfacción para el ego.

El político tiene que luchar para satisfacer su ego. Para la persona que ansía el dinero no es tarea fácil, pues existen millones de competidores. Pero para el santo no existe competencia. La suya es la única profesión en la que no existe competencia. Puedes pararte en la cabeza todo el tiempo que quieras; nadie va a venir a hacerte competencia. Puedes torturar tu cuerpo, puedes ayunar por meses; la gente vendrá a adorarte. Traerán flores, acariciarán tus pies y aceptarán tus enseñanzas, que serán enfermizas, pues surgirán de una mente enferma.

La humanidad ha sido torturada por personas psicológicamente enfermas que todavía están en el poder y por personas que los escuchan sin pensar por un momento que ningún árbol se convierte en santo, ni una montaña, ni un río ni una estrella, sólo el ser humano puede enfermarse psicológicamente. Y si comienzas a adorar a un hombre enfermo, te enseñará la misma enfermedad a ti.

La vida es luz. La vida es gozo. La vida es celebración.

Pero pregúntales a aquellos que han vivido la vida, no a los que han renunciado a ella. Tan sólo con su renuncia le cierran la puerta al conocimiento de los secretos y misterios más profundos de la existencia. He conocido todo tipo de tontos, pero nadie se compara con los santos. Éstos han alcanzado la cima de la idiotez.

Escucha a los cantantes, escucha a los bailarines, escucha a los pintores, escucha a los poetas. Escucha a aquellos que están creando algo bello, que están realzando la vida. Deja de escuchar a aquellos que son contrarios a la vida. Si lo son, es cosa de ellos, ¡déjalos! No los adores, pues tu adoración los mantiene enfermos. Si dejas de adorarlos, pronto se darán cuenta de que «algo está mal conmigo».

Pero sigues adorándolos. Siempre hay una multitud a su alrededor. Es tan satisfactorio. Los políticos llegan a que los bendigan en sus elecciones, los presidentes, los primeros ministros. ¿Y qué los califica? Que son contrarios a la vida.

Yo enseño la vida, el amor, la risa.

> Y les digo que la vida es en verdad oscuridad, excepto donde hay un anhelo...

Si tu anhelo de alcanzar las estrellas muere, tu vida será oscuridad.

> Y todo anhelo es ciego, excepto cuando hay saber...

Todo anhelo es ciego si no surge de la sabiduría y de la meditación, de tu silencio.

> Y todo saber es vano, excepto cuando hay trabajo...

Un conocimiento que no es creativo, que no es productivo, es estéril, sin sentido. Es vano.

> Y todo trabajo es inútil, excepto cuando hay amor...

Si trabajas sin amor, trabajas como un esclavo. Cuando trabajas con amor, trabajas como un emperador. Tu trabajo es tu alegría, tu trabajo es tu danza. Tu trabajo es tu poesía.

> Y cuando trabajan con amor, se atan a ustedes mismos, y el uno al otro, y a Dios.

El trabajo basado en el amor te acerca a ti mismo y a los demás y, por último, a la divinidad.

5

La razón y la pasión: el timón y la vela

Y la sacerdotisa habló nuevamente y dijo:

—Háblanos de la razón y de la pasión.

Y él respondió diciendo:

—Su alma es, con frecuencia, un campo de batalla donde su razón y su juicio combaten contra sus pasiones y sus apetitos. Ojalá pudiera yo ser el pacificador de sus almas y transformar la discordia y la rivalidad de sus elementos en unidad y armonía. Pero ¿cómo podría yo hacerlo a menos que ustedes mismos sean también pacificadores, y mejor aún, amantes de todos sus elementos?

Su razón y su pasión son el timón y el velamen de su alma navegante. Si sus velas o su timón se rompen, sólo podrán mecerse o ir a la deriva o permanecer inmóviles en medio del mar. Porque la razón, gobernando sola, restringe todo impulso; y la pasión, abandonada a sí misma, es un fuego que arde hasta su propia destrucción. Por lo tanto, dejen que su alma exalte su razón a la altura de su pasión, para que pueda cantar; y dejen que dirija su pasión con la razón para que su pasión pueda vivir una resurrección cotidiana, y, como el fénix, renazca de sus propias cenizas.

Quisiera que traten a su juicio y a sus apetitos como tratarían a dos huéspedes queridos en su casa. Ciertamente no honrarían más a un huésped que al otro; porque quien se muestra más atento con uno pierde el amor y la confianza de ambos. Entre las colinas, cuando se sienten a la sombre fresca de los álamos blancos, compartiendo la paz y la serenidad de los lejanos campos y praderas, que su corazón diga en silencio: «Dios reposa en la razón». Y cuando sobrevenga la tormenta y el viento poderoso sacuda los bosques, y el trueno y el relámpago proclamen la majestad de los cielos, que su corazón diga con temor y respeto: «Dios actúa en la pasión». Y ya que son un soplo en la esfera de Dios y una hoja en el bosque de Dios, también ustedes deberían reposar en la razón y actuar en la pasión.

La humanidad ha sufrido más a causa de nuestras divisiones que por cualquier otra razón.

El ser humano es un todo orgánico. Ésta es una constatación fundamental que debes comprender: no hay manera de que te cortes alguna de tus partes y sin embargo sigas siendo feliz. Sí, todas esas partes tienen que reunirse en un todo armonioso, como una orquesta... tanta gente tocando diferentes instrumentos; y si no saben cómo todos esos instrumentos diferentes pueden fusionarse en uno, en una sola música, no habrá música sino ruido, lo que no resultará tranquilizante sino inquietante para tu alma.

Toda la historia humana es una historia de divisiones. Descarta esto, descarta lo otro y aférrate sólo a una parte de tu ser... y permanecerás en la desdicha, pues la dicha surge cuando todas tus partes danzan juntas en profunda armonía, sin conflictos.

¿Por qué ha generado el ser humano un estado de esquizofrenia tal? No es gratuito. Es la estrategia de aquellos que desean dominarte, de los que quieren explotarte, de los que desean que permanezcas esclavo para siempre. Un ser íntegro no puede ser oprimido, no puede ser explotado y no puede ser reducido a la esclavitud. Hay personas cuya única ambición es el poder. El poder parece ser su única razón de vivir.

Friedrich Nietzsche murió en un manicomio. Es algo desafortunado... mientras que los médicos lo declaraban loco, los sacerdotes lo declaraban loco, su propia familia y sus amigos lo declaraban loco, él escribía su gran obra en el manicomio. El nombre del libro es *La voluntad de poder*.

Al examinar el libro y su grandeza, cualquiera constata que todos aquellos que lo mandaron al manicomio simplemente estaban intentando deshacerse de alguien cuyas palabras eran como flechas.

No pudieron soportar la magnitud de su ser. Querían que permaneciera en silencio y en el olvido. Seguramente no estaba loco; si lo hubiera estado, el libro más grande de su vida no hubiera sido escrito en el manicomio. Él nunca vio su libro publicado porque murió antes.

He estudiado todas sus obras. Parece ser que en *La voluntad de poder*, Nietzsche reunió todas las ideas que estaban esbozadas en muchos de sus libros. Cada declaración es tan densa que es imposible que un loco la haya escrito. Es tan lógico, tan profundo, que si estás dispuesto a leerlo sin prejuicios, te asombrará que uno de los mejores libros del mundo haya sido escrito por un loco, en un manicomio.

Su única culpa fue no mostrarse sumiso ante la sociedad y sus disciplinas obsoletas, sus reglas corruptas. Su único crimen fue que era un individuo íntegro, y los esclavos no toleran a un hombre que conoce la libertad y la vive.

Sus actos y sus palabras vienen de la libertad, pero a los esclavos los irrita y los molesta porque ni siquiera entienden lo que dice. Desde la colina les grita a aquellos que se arrastran por los oscuros valles de su así llamada comodidad. Ellos son la mayoría y este hombre contradice cada una de las ideas a las que ellos se aferran pues las consideran sabiduría. Él les prueba que es pura estupidez.

A Kahlil Gibran le impresionó Friedrich Nietzsche inmedia-tamente. En su obra *La voluntad de poder,* abrió el corazón de la humanidad: ¿por qué no hay música sino sólo desdicha?

La razón es que los sacerdotes de todas las religiones y los políticos de todas las ideologías ansían tanto el poder que no quieren que la humanidad escuche a un hombre que habla de la unidad, de la armonía interior, de la integridad.

Sí, habrá cambios, hay aspectos de tu ser que la sociedad te ha impuesto de tal manera que tu vida es una confusión: el sirviente se ha convertido en amo y al amo lo tratan como a un sirviente.

El corazón no puede gritar, sólo susurrar; cuando la mente grita tan fuerte, hace completamente imposible que el corazón te transmita su mensaje.

Son declaraciones muy importantes que hace Kahlil Gibran en boca de su poeta, filósofo y místico ficticio, Al-Mustafá. Siempre me he preguntado por qué optó por hablar de manera indirecta, y me es absolutamente claro: no quería sufrir el mismo destino que sufrió Friedrich Nietzsche, y nadie toma en serio la poesía. Friedrich Nietzsche escribe prosa, aunque su prosa es tan hermosa que se le puede llamar poesía. Pero le habla directamente a la humanidad.

Al-Mustafá crea una ficción. Kahlil Gibran nunca fue declarado loco, nunca fue obligado a vivir en un manicomio, por la simple razón de que es sólo un escritor de ficción y a lo sumo un compositor de poemas. Se protege escondiéndose detrás de Al-Mustafá. Quiero recordarte, entonces, que todo lo que dice Al-Mustafá son las palabras de Kahlil Gibran.

Y la sacerdotisa habló nuevamente y dijo: Háblanos de la Razón y de la Pasión... de la mente y del corazón, de la lógica y del amor.

Durante siglos el ser humano los ha percibido como opuestos lo uno de lo otro. Los que tienen intereses creados le han dicho que si escucha a los dos, se volverá loco, que son contradictorios y que tiene que escoger.

Los que escogen la razón tienen todas las oportunidades de ser poderosos en el mundo, pero vacíos por dentro. Esas raras almas que escogen la pasión, el amor y el corazón se inflaman por dentro de belleza, de dicha, de fragancia, pero afuera no tienen ningún poder.

La sacerdotisa plantea una de las cuestiones fundamentales:

Háblanos de la razón y de la pasión...

¿Cómo abordas estas dos cosas? Ambas existen en el ser humano y parecen —por lo menos en la superficie— contradictorias. Hay que escoger, pues de otra manera el hombre estaría montando dos caballos a la vez y el resultado final no puede ser otro que el desastre.

Ella no estaba consciente de que Kahlil Gibran tiene una conciencia mucho más aguda que los sacerdotes y las sacerdotisas, los políticos y las personas que tienen el poder, del dinero o del prestigio.

Y él respondió:
—Su alma es, con frecuencia, un campo de batalla...

...porque nunca has penetrado hasta el fondo de tu ser.

La razón dice una cosa y el corazón anhela otra, y hagas lo que hagas vas a sufrir, vas a seguir siendo infeliz porque la mitad de tu ser permanecerá hambrienta, ávida. Poco a poco la distancia entre los dos crecerá... como si te hubieran partido en dos con una motosierra.

Las personas fraccionadas luchan en su interior; se convierten en campos de batalla. Es una estrategia, una estrategia mañosa. Si a una persona se le pone en una situación en que lucha consigo misma, no le quedan ni la energía ni el tiempo para rebelarse contra la esclavitud, contra la opresión, contra la explotación. Su lucha interna la debilita tanto que cualquiera puede dominarla. Es una forma sutil de castración psicológica.

Al ser humano lo han vuelto impotente con una estratagema muy sagaz. Si estás entero y sano, tienes integridad, individualidad y energía para luchar contra todo aquello que tienda a destruir tu libertad. Y si toda la humanidad tuviera esa integridad, los dictadores desaparecerían. Los políticos no caben en una sociedad humana justa. ¿Para qué sirven las leyes y las cortes en una sociedad civilizada? Los jueces y los comisarios de policía pierden todo su poder. Y para no perderlo, tienen que mantenerse divididos.

Nietzsche habló claramente y sufrió por haberlo hecho. Nietzsche es uno de los mayores sacrificios que ha hecho la humanidad a causa de personas ávidas de poder. Pero no les molesta Kahlil Gibran. Lo leen como a un poeta, un bello pasatiempo, nada más.

> Su alma es, con frecuencia, un campo de batalla donde su razón y su juicio combaten contra sus pasiones y sus apetitos. Ojalá pudiera yo ser el pacificador de sus almas, y transformar la discordia y la rivalidad de sus elementos en unidad y armonía. Pero ¿cómo podría yo hacerlo a menos que ustedes mismos sean también pacificadores, y mejor aún, amantes de todos sus elementos?

Nada de lo que la existencia te brinda puede carecer de propósito. Tienes la razón. La razón tiene ojos, capacidad de reflexión para indagar lo que es correcto. Tienes el corazón y todas sus pasiones. Pero el corazón sabe cantar, bailar y amar. El corazón no puede crear la ciencia y la tecnología; tampoco puede la razón generar amor, paz, silencio, todas las cualidades que te hacen transcender la humanidad ordinaria.

El corazón puede darte las alas para la transcendencia y para el vuelo del solitario hacia lo solitario. El corazón es la puerta del lugar donde se encuentra Dios.

La razón es absolutamente incapaz. Puede crear dinero, puede crear miles de objetos, pero no tiene la capacidad de penetrar tu mundo interior.

No hay necesidad de conflicto. La razón funciona en el mundo objetivo, y el corazón funciona en el mundo subjetivo. Si estás alerta, meditativo, puedes lograr fácilmente el equilibrio entre los dos.

A tu corazón lo he llamado el Zorba; y al vuelo de tu inteligencia —que no es nada más que la energía refinada de la razón—; Gautama el Buda. Hasta ahora, Zorba y el Buda han estado luchando entre sí. Ambos son perdedores, pues el Buda no le permite la libertad total a Zorba y Zorba no le permite al Buda tener una vida propia.

Así que han existido Zorbas en el mundo... y todas sus sonrisas, toda su alegría, han carecido de profundidad. No están ni a flor de piel. Y ha habido Budas cuya felicidad es profunda, pero el Zorba genera una perturbación constante porque no quiere morirse de hambre. No existe dificultad para acercarlos, para propiciar una amistad y por último una unión profunda entre los dos.

Hay un antiguo relato... dos pordioseros, uno era lisiado y no podía caminar y el otro era ciego pero podía caminar... Desde luego, eran competidores. Pedir limosna es un negocio en el que existe una competencia constante, no sabes a cuál pordiosero perteneces. Cuando me enteré de esto, me llevé una gran sorpresa. Como viajaba continuamente, iba y venía tantas veces por la estación de trenes que un anciano pordiosero se había acostumbrado —y lo daba por hecho— que cuando yo regresaba de un viaje, o partía de viaje, él tenía el derecho a una rupia cada vez.

Al principio lo agradecía. La primera vez que le di una rupia, él no lo podía creer, los indios no les dan rupias a los pordioseros. Pero poco a poco todo se vuelve obvio. Ahora ya no había nada que agradecer, se había convertido en rutina. Y yo veía en sus ojos que si no le daba una rupia se enojaría. Yo lo estaba privando de una rupia.

Nunca lo privé, pero un día me sorprendí: el anciano se había ido y un joven estaba sentado en su lugar y me dijo:

—No olvides esa rupia.

Yo le pregunté:

—¿Y cómo supiste lo de la rupia?

Me respondió:

—Tú no sabes... yo me casé con la hija de ese viejo pordiosero.

Yo seguía sin entender:

—Si te casaste, ¿dónde está el anciano?

Y él me contestó:

—Como dote, él me ha dado toda el área de la estación de ferro-carril, y me ha dado todos los nombres, el tuyo es el primero. Tú le has estado dando una rupia cada vez, tanto cuando entras como cuando sales de la estación.

Yo le dije:

—Para mí es una revelación que los pordioseros tengan territo-rios. Son su propiedad. Lo pueden entregar como dote a sus yernos.

Le dije:

—¡Qué bueno! ¿Y dónde está el anciano?

Y me contestó:

—Encontró otro lugar cerca del hospital, pues el pordiosero que se sentaba allí murió. Parece viejo, pero es un hombre muy fuerte. Nadie quiere pelearse con él.

Los pordioseros también tienen conflictos constantes por tener a los clientes... Dos pordioseros eran enemigos natos, pero un día... vivían en las afueras de la ciudad, en el bosque. En plena noche, el bosque se incendió. No había nadie que los salvara. El lisiado sabía que el fuego estaba acercándose cada vez más y que todos los árboles se iban a quemar; pero no podía andar. Y el ciego sentía que subía un intenso calor. Era la primera vez que se hablaban de manera amistosa:

—¿Qué está ocurriendo? Tú tienes ojos, tú puedes ver.

Y llegaron a un arreglo, olvidando todas sus querellas del pasado.

El ciego le dijo al lisiado:

—Siéntate en mis hombros para que nos volvamos un solo hombre. Tengo la suficiente fuerza para cargarte y tú tienes ojos para ver por dónde ir, dónde encontrar la manera de salir de este incendio que aumenta.

Y ambos se salvaron. Toda la aldea estaba despierta y todos estaban preocupados por los pordioseros, pero nadie tuvo el valor suficiente para ir al bosque y averiguar dónde estaban. Sabían que uno de ellos no podía andar. Sabían que el otro no podía ver, pero no se les había ocurrido la posibilidad de que se convirtieran en uno solo. Y cuando los vieron saliendo vivos del bosque, no lo podían creer. ¡Qué milagro estaba ocurriendo!

Es una vieja historia, muy vieja. La India tiene uno de los libros de parábolas más antiguos, el *Panch Tantra*. Esta historia viene del *Panch Tantra*. Y ésta es tu historia. La casa se está incendiando, la muerte se acerca, pero tú no eres aún un individuo entero, sólido; en tu interior eres un campo de batalla.

La razón puede ver; pero la vista sola no ayuda mucho. El corazón puede sentir, pero el sentimiento solo no ayuda mucho. ¿Será posible que la vista y el sentimiento dejen de competir y se unan en una sola aventura: la búsqueda del sentido de la vida?

Es eso lo que dice Kahlil Gibran: «Conozco el remedio; pero *a menos que ustedes mismos sean también pacificadores, y mejor aún, amantes de todos sus elementos...* este milagro no es posible».

Por lo tanto, he definido al nuevo ser humano como Zorba el Buda, que es un encuentro de Oriente y Occidente, que es un encuentro de la ciencia y la religión, que es un encuentro de la lógica y el amor, que es un encuentro de lo exterior y lo interior. Sólo en esos encuentros encontrarás la paz; de otra manera, permanecerás en el campo de batalla. Si eres infeliz, recuerda que la infelicidad surge de una batalla interna que se libra día tras día.

Ha habido grandes Zorbas en el mundo. «Comer, beber y divertirse» es su filosofía simple. «No hay vida después de la muerte. Dios no es más que la invención de unos sacerdotes astutos. No pierdas tu tiempo con cosas innecesarias; la vida es corta».

En la India existe toda una filosofía, el sistema de los *Charvakas*. El *Charvaka* es tal vez un Zorba más elocuente, y si tratas de comprenderlo resulta muy convincente: «No existe evidencia o prueba de ningún Dios ni de vida tras la muerte. No existe evidencia o prueba de que tengas un alma inmortal. No te dejes enredar en esas palabras que fueron creadas sólo para generar en ti un conflicto que hará que te vuelvas cristiano o hindú o jainista o budista o mahometano».

La India ha conocido también grandes budas. Dicen que el mundo es una ilusión; que todo lo que es verdadero es interior, y todo lo que es falso está en el exterior. Así que no pierdas tu tiempo con deseos y ambiciones, pues están hechos de la misma materia que los sueños, nada más. Utiliza el poco tiempo que tienes para penetrar tan profundamente en ti como sea posible hasta que encuentres el templo de Dios, tu divinidad.

Si escuchas a los budas, parecen convincentes. Si escuchas a los Zorbas, también parecen convincentes, y entonces tendrás dificultades porque tienes a ambos en tu interior.

Pero debes ser un pacificador y no un campo de batalla. Permite que haya una profunda amistad entre tu razón y tu pasión para que puedas disfrutar de todo lo que está a tu alcance en el exterior... y hay mucho a tu alcance. No son ilusiones, y los actos de los budas lo prueban. Necesitan alimento, pues no se da en su interior. Necesitan agua y tienen que buscarla y encontrarla en su exterior. Sin embargo, siguen diciendo: «Todo lo que está en el exterior es ilusorio».

Y los Zorbas, aunque dicen que sólo viven en el exterior, son simplemente irracionales, pues el exterior sólo puede existir si existe un interior. Son inseparables. ¿Alguna vez has visto algo que tenga sólo exterior y no tenga interior? ¿Alguna vez has visto una moneda que tenga una sola cara? Por delgada que la hagas, las dos caras permanecerán juntas.

Lo primero que hay que comprender es esto: el enfoque más importante es relajarse y enamorarse del propio cuerpo y del propio corazón. No generes conflictos entre ellos, acércalos, pues los siglos los han vuelto imposibles de unir. Y cuando se estén acercando y se vuelvan uno solo, ya no serás simplemente un Zorba o un Buda, serás Zorba el Buda. Serás un ser humano completo. Y en ser completo hay belleza, hay felicidad, hay verdad.

Su razón y su pasión son el timón y el velamen de su alma navegante.

Cuando hayas comprendido su unidad y cuando ya no exista conflicto entre ellos, de repente verás un nuevo espacio surgir en ti, verás tu alma. Ahora que ya no existe conflicto en tu cuerpo, en tu razón, en tu corazón, tienes tiempo, silencio y espacio para ver algo del más allá: el alma.

Fundamentalmente eres un triángulo: la razón, el corazón y el alma. Pero muy pocas personas han penetrado hasta el alma, pues el campo de batalla continúa. No tienes tiempo de explorar, el Zorba sigue arrastrándote hacia afuera y el Buda sigue arrastrándote hacia adentro. Es una extraña lucha que te han impuesto todos aquellos que quieren que seas débil, que quieren que no tengas alma, sólo máquinas, robots.

Está diciendo: *Su razón y su pasión son el timón y el velamen de su alma navegante.*

Si sus velas o su timón se rompen, sólo podrán mecerse o ir a la deriva... y eso es lo que está haciendo casi toda la humanidad, meciéndose, a la deriva... *o permanecer inmóviles en medio del mar;* es una especie de muerte antes de la muerte.

Porque la razón, gobernando sola, restringe todo impulso...

La razón tiene sus límites. No puede aceptar lo ilimitado.

Y la pasión, abandonada a sí misma, es un fuego que arde hasta su
propia destrucción.

Tu pasión es tu fuego, el fuego de tu vida. Pero abandonado a sí
mismo, desatendido, el fuego se destruirá. Ese mismo fuego podría
ser utilizado por la razón para eliminar los límites, para quemar la
cárcel de los límites, y así tendrías el cielo entero a tu disposición.

Por lo tanto, dejen que su alma exalte su razón a la altura de su pasión...

La pasión no conoce límites. Tu energía es una fuente inagotable,
pues es la energía de todo el universo.

...Dejen que su alma exalte su razón a la altura de su pasión, para
que pueda cantar.

Bendito aquel cuya razón comienza a cantar y a danzar, pues la
razón sólo conoce la curiosidad, la duda, el cuestionamiento; y no
sabe nada del canto, de la danza, de la celebración; éstos le pertenecen a tu corazón. Pero si tu alma, tu conciencia, los une, se convertirán en pareja en la danza, en compañeros en una canción, tan bien
afinados que su dualidad desaparecerá.

Para mí, la desaparición de la dualidad es el inicio de una nueva
vida sin conflicto, sin campo de batalla. Tu vida comienza a convertirse en un Edén. Todas tus energías son suficientes para crear un
paraíso en tu interior.

Se te ha dicho que si sigues ciertas reglas como cristiano, hindú
o mahometano, entrarás al paraíso. Pero yo te digo: nunca entrarás al paraíso. Es el paraíso que entra en ti en el momento en que
desaparece el campo de batalla y tu corazón y razón están bailando
al unísono. El paraíso está esperando el momento de poder entrar.
En esta dicha, en este silencio y esta paz, el paraíso debe llegar a ti.

La idea misma de que vayas al paraíso es un disparate. No hay paraíso fuera de ti y no hay infierno fuera de ti. Estás en el infierno cuando estás en conflicto, luchando contigo mismo. Y el cielo está en ti cuando reina el silencio absoluto y surge en tu ser una canción de integración, de unidad orgánica.

> Y dejen que dirija su pasión con la razón para que su pasión pueda vivir una resurrección cotidiana...

Lo que dice Kahlil Gibran... y no lo olvides nunca, pues éstas no son meras palabras, son semillas que te pueden transformar convirtiéndote en un bello jardín donde los pájaros comiencen a cantar, las flores se abran y el paraíso esté esperando el momento de golpear a tu puerta: «He llegado, estás listo».

Lo que él dice es, primero, que la razón sea exaltada por ti, por tu conciencia, a la altura de la pasión *para que pueda cantar*. Y lo segundo es más importante:

> Y dejen que dirija su pasión con la razón...

...para que no estés perdido, tanteando a ciegas. A esas alturas, no tener ojos resulta muy peligroso, es mejor entonces que te quedes en el valle con todos los otros ciegos. Aun si te caes, no morirás, tal vez tendrás algunos rasguños, o una fractura, pero no habrás muerto.

Deja que tu razón dirija tu pasión, que se convierta en los ojos de tu corazón y podrás entender por qué los cristianos dicen que tras la crucifixión sigue la resurrección. Puede no ser así, tal vez no sea un hecho histórico, pero sí tiene una gran profundidad psicológica y espiritual.

A cada momento muere tu pasión, pues la pasión no sabe nada del pasado y nada del futuro; ambos son la acumulación de la razón. La pasión no conoce sino el momento presente, muere en cada momento, y si es dirigida con los ojos de la razón, a cada momento resucitará. Morirá y volverá a nacer más fresca, más joven, mejor y más refinada.

...Y, como el fénix, renazca de sus propias cenizas.

El fénix, el pájaro mitológico, es en realidad una manera de decirte que debes aprender a morir en cada momento y volver a nacer en cada momento. Tu vida debe ser una muerte continua y una resurrección continua para que permanezcas nuevo hasta tu último aliento; de otra manera el polvo se acumula y mueres treinta o cuarenta años antes de que la gente comprenda: «Este tipo está muerto».

Los *hippies* decían: «No hay que confiar en nadie que tenga más de treinta años», porque alrededor de los treinta las personas mueren y después viven cuarenta o cincuenta años más, una vida póstuma, pues la resurrección no ocurre.

Pero los *hippies* no fueron más que una reacción. Es por eso que no encontrarás *hippies* viejos. Se murieron a los treinta años y ahora están viviendo su vida póstuma muy eficientemente en el mundo del mercado. Se les olvidó todo aquello, fue sólo un sueño que todos los jóvenes tienen que tener; ahora se ríen. No es más que un recuerdo borroso.

He estado buscando a un *hippie* viejo, pero sin éxito. Los *hippies* viejos no existen por la simple razón de que no saben que no se trata de reaccionar contra la sociedad. Se trata de una transformación interior, de aprender la alquimia de morir en paz y permitir que la energía renazca —como el ave fénix— de sus propias cenizas.

Es una de las metáforas más contundentes y significativas. No he encontrado otra metáfora tan fuerte y con tanto sentido. Es toda la filosofía de la religión: al morir y volver a nacer, permaneces siempre nuevo, siempre en flujo; no sólo no envejeces sino que creces.

Envejecer no es una cualidad importante, todos los animales envejecen, todos los árboles envejecen. Sólo el ser humano tiene el privilegio, la prerrogativa de poder crecer y poder permanecer tan nuevo y tan joven, aun en la vejez, como lo era cuando tenía menos de treinta años. Lleno de sueños del más allá, hasta en su lecho de muerte no le entristece dejar la Tierra; al contrario, le emociona inmensamente la nueva peregrinación que va a emprender porque sabe que ninguna muerte es una muerte... toda muerte es también una resurrección.

Esto se convierte en verdad sólo cuando tu razón y tu pasión están actuando juntas, cuando tu Zorba y tu Buda no están peleando sino abrazándose.

> Quisiera que traten a su juicio y a sus apetitos como tratarían a dos huéspedes queridos en su casa. Ciertamente no honrarían más a un huésped que al otro; porque quien se muestra más atento con uno pierde el amor y la confianza de ambos.

Supe de un hombre que estaba enamorado de dos mujeres. Cada una de ellas deseaba tener alguna seguridad, alguna garantía: «Sé honesto y di con cuál te vas a casar». Y era difícil para el pobre hombre, pues la mujer más bella de las dos era pobre, y la otra era fea pero inmensamente rica, y toda esa riqueza sería suya. Se comprende el dilema del hombre.

Iban en barco, en una excursión, disfrutando del mar y del sol. De repente la mujer rica le dijo:

—Detén el barco inmediatamente, aquí en medio del océano. Ya no puedo esperar más. Tienes que tomar una decisión. ¡Dinos a quién amas!

El hombre debía ser muy inteligente. Dijo:

—¿Qué clase de pregunta me hacen? Yo amo a cada una de ustedes más que a la otra.

Y ambas mujeres quedaron inmensamente satisfechas.

> Entre las colinas, cuando se sienten a la sombre fresca de los álamos blancos, compartiendo la paz y la serenidad de los lejanos campos y praderas, que su corazón diga en silencio: «Dios reposa en la razón». Y cuando sobrevenga la tormenta y el viento poderoso sacuda los bosques, y el trueno y el relámpago proclamen la majestad de los cielos, que su corazón diga con temor y respeto: «Dios actúa en la pasión». Y ya que son un soplo en la esfera de Dios y una hoja en el bosque de Dios, también ustedes deberían reposar en la razón y actuar en la pasión.

Ésta es la síntesis más grandiosa que necesita el ser humano —y la necesita inmediatamente— pues en el pasado toda la humanidad ha desconocido esta síntesis, esta sincronicidad. Yo quiero que mi gente disfrute de Dios en toda situación posible: cuando es de día, Dios es luz y cuando es de noche, Dios es oscuridad. No generes conflictos.

Una vez que hayas dejado de ser un campo de batalla, te habrás convertido en un templo y no vas a comprar una estatua de Dios y ponerla en un relicario en el templo. Dios viviente siempre ha penetrado el ser de aquel que se ha convertido en un lugar sagrado, de aquel que se ha vuelto sagrado.

Tienes todos los elementos que se necesitan. Tienes todas las posibilidades que se requieren. Si pierdes la oportunidad, nadie más que tú será responsable.

Dios está esperando en la puerta, pero tú estás en medio de tal desorden que ¿a quién podría interesarle entrar? Y aun si él llama a tu puerta, no escuchas... hay tanta actividad, tanta pelea, que no vas a oír el suave golpeteo. Y en tu puerta no hay un timbre eléctrico fuerte que Dios pueda presionar... Él todavía utiliza la antigua manera de llamar, golpeando con su propia mano. Esto le permite saber si estás preparado o no, si estás dispuesto a recibirlo o no: ¿te has convertido en el anfitrión para que él pueda ser el huésped?

6

De la amistad a la amigabilidad

Y un joven dijo:

—Háblanos de la amistad.

Y él respondió:

—El amigo de ustedes es la respuesta a sus necesidades. Él es su campo que siembran con cariño y cosechan con agradecimiento. Es su mesa y el fuego de su hogar. Pues van a él con su hambre y lo buscan en procura de paz. Cuando su amigo manifiesta su pensamiento, no temen el «no» en su propia mente, ni retienen el «sí». Y cuando él guarda silencio, el corazón de ustedes continúa escuchando su corazón. Porque en la amistad, todos los deseos, ideas, esperanzas nacen y son compartidas sin palabras, en una alegría silenciosa. Cuando se separan de su amigo, lo hacen sin aflicción, pues lo que aman en él puede tornarse aún más claro en su ausencia, como para el alpinista aparece la montaña más despejada vista desde la planicie.

Y que no haya otra finalidad en la amistad que no sea la maduración del espíritu. Pues el amor que busca otra cosa que no sea la revelación de su propio misterio no es amor, sino una red tendida, y sólo lo improductivo será atrapado en ella. Y que lo mejor de ustedes mismos sea para su amigo. Si él debe conocer el flujo de su marea, que conozca también su reflujo. Pues ¿qué amigo es aquél si sólo lo buscan para matar el tiempo? Búsquenlo siempre con tiempo para vivir. Pues el papel del amigo es llenar sus necesidades y no su vacío. Y que en la dulzura de la amistad haya risa y compartir de placeres. Pues en el rocío de las pequeñas cosas, el corazón encuentra su mañana y toma su frescura.

Kahlil Gibran es a veces un vehículo de la divinidad, de la verdad, pero no siempre. Yo hubiera querido verlo siempre en las soleadas cimas de la conciencia, pero a veces desciende a los valles oscuros. Aunque su elocuencia permanece igual y su poesía está cargada de la misma belleza, se pierde la verdad. Es tan elocuente, que si no conoces la verdad, no podrás distinguir cuándo cae y cuándo asciende a las cimas más altas.

Su Zorba y su Buda no están juntos; no son todavía una unidad orgánica. Así que cuando habla Zorba, desde luego el lenguaje es el mismo que el de Buda, pero el significado no es el de Buda. Parece tener una personalidad fraccionada, y me entristece que un hombre tan genial no haya logrado volverse uno; se quedó dividido en dos como cualquier ser humano ordinario.

Kahlil Gibran no es iluminado; por ello no tiene la visión general de la totalidad. Pero porque tiene una gran inteligencia, cada vez que está cayendo logra que sus palabras disimulen la caída. Amo al hombre porque es muy raro encontrar un hombre como él, pero también me apena que no haya logrado integrarse, consolidarse. No podrás percibir si está volando alto como un águila o si está simplemente caminando por la tierra contigo. No serás capaz de distinguirlo. Es muy desafortunado.

Hemos perdido otro Gautama Buda por la simple razón de que en todo el mundo lo alababan aquellos que no sabían nada sobre la unidad orgánica. Él mismo no ve las contradicciones y tú tampoco verás las contradicciones. Pero quiero ser honesto y sincero porque lo amo, y el amor es un fuego que quema todo lo que es falso y preserva lo que es verdadero.

Y un joven dijo:
—Háblanos de la amistad.

La palabra misma «amistad» no pertenece a las alturas —la palabra amigabilidad asciende hasta la luna, hasta el sol—; pues la palabra «amistad» es sólo de la mente. Es limitante; puedes estar unido en amistad a sólo unas cuantas personas. Pero la amigabilidad es inmensa; puedes sentir amigabilidad por los árboles, por las montañas, por las estrellas.

La amistad también oculta una esclavitud. Todas las palabras como «relación» y «amistad», son superficiales. La amigabilidad tiene un significado totalmente diferente. Cuando hablas de la amistad, te refieres a algo muy pequeño, una especie de esclavitud, de dependencia de la persona de quien eres amigo.

Pero la amigabilidad es libertad, no dependes de nadie. La amistad es objetiva y la amigabilidad es tu amor compartido incondicionalmente con toda la existencia. No tienen el mismo significado. En cualquier momento la amistad puede convertirse en su opuesto. El así llamado amigo puede convertirse en tu enemigo. Pero la amigabilidad no tiene ninguna dirección en particular. No es para nadie, es para toda la existencia. Nunca podrá convertirse en su opuesto.

Recuerda que aquello que se puede convertir en su opuesto muy fácilmente —y tú conoces amigos que se convierten en enemigos y enemigos que se vuelven amigos— es muy superficial, es un falso sustituto. Pero la amigabilidad no se dirige a nadie; es el amor que se desborda en tu interior, incondicionalmente. No hay ninguna posibilidad de que se convierta en amargura, tú eres el amo. En la amistad tú no eres el amo. La amistad es como el matrimonio, una cosa artificial, pero ser amistoso es tu naturaleza misma.

> Y un joven dijo:
> —Háblanos de la amistad.
> Y él respondió:
> —El amigo de ustedes es la respuesta a sus necesidades.

Es una declaración lamentable, pero es la consecuencia lógica de que él no haya modificado la pregunta fundamental. Hubiera debido decirle al joven que la amistad no vale nada; la amigabilidad es inestimable.... *El amigo de ustedes es la respuesta a sus necesidades.* Lo vuelvo a decir: es lamentable porque la amistad es exigente.

La amigabilidad simplemente brinda su fragancia a todos, sin excepción y se realiza al hacerlo. No es una necesidad; es un amor desbordante. Puedes ser amistoso con los árboles, puedes serlo con las estrellas, pero no hay exigencias, no hay condiciones. Desde luego, tus necesidades serán satisfechas, pero no porque lo hayas exigido. Tu amigabilidad te traerá enormes tesoros. Distingue claramente entre esas dos palabras. La amistad es una cárcel. La amigabilidad es la libertad absoluta.

Das de tu caudal sin que sea una necesidad. Desde luego, la existencia comprende que la persona que da sin que se le pida es un ser inusual. La existencia se encarga de satisfacer tus necesidades, pero no hay que exigírselo. Aun si no satisface tus necesidades, sirve para demostrar que en el fondo de tu inconsciente, estás aferrándote a la idea de la amistad. Sólo los tontos se dejan engañar por un simple cambio de palabras. La vida es tan abundante que no hay que pedir.

Kahlil Gibran siguió siendo cristiano, aunque era un intelectual importante, no era un meditador. Repite a Jesucristo en términos diferentes. Jesús dice: «Pidan y se les dará». Te reduce a pordiosero. Yo digo: «Nunca pidas y recibirás. Pide y no recibirás». El hecho mismo de pedir es repugnante.

Jesús dice: «Busquen y encontrarán». Yo digo: «Simplemente quédate callado, y la existencia verterá su lluvia sobre ti», pues la persona que busca no hace más que perseguir ornamentos para su ego, y la existencia no comprende el idioma del ego. No hay árbol egoísta, no hay montaña egoísta, no hay pájaro egoísta y, sin embargo, la existencia sigue dándoles a todos lo que necesitan, y más de lo que necesitan.

Jesús dice: «Llamen y se les abrirá la puerta». Son declaraciones superficiales, pues yo no sé de ninguna puerta a la que se pueda llamar. Dios está en todas partes. No golpees, eso es violencia. Simplemente espera.

Tú, espera... Madurarás en tu espera. Te volverás capaz de recibir, disponible. Dios siempre llega como un regalo. Dios siempre les llega a los emperadores, no a los pordioseros. No tienes que ir hasta Dios y, si quisieras hacerlo, ¿dónde lo encontrarías? Él puede encontrarte a ti porque Él es la totalidad.

Ni pidas ni busques ni llames a la puerta, confía. Si eres digno, maduro, con seguridad la primavera llegará a ti cargada de miles de flores.

El amigo de ustedes es la respuesta a sus necesidades. Esta declaración es como una propuesta de negocios. El amor no es un negocio. El amor es la canción de tu alma. La amistad es la fragancia de ese amor y los vientos lo llevarán por encima de los mares, por encima de las montañas, hasta las estrellas lejanas. El amor no es recibir. El amor es dar, como lo es también la amigabilidad.

> Él es su campo que siembran con cariño y cosechan con agradecimiento.

Suena bien; Kahlil Gibran es un genio para encontrar palabras bellas, pero no sabe nada. Aun detrás de sus bellas palabras y su poesía hay oscuridad, inconciencia. *Él es su campo...* ¿Un amigo es tu campo?, ¿vas a cultivar el campo sembrando con cariño? No importa: tu cariño no es por tu amigo, tu cariño es por la cosecha.

Y cosechan con agradecimiento... Te parecerá muy extraño que los amigos son un alma en dos cuerpos. No hay necesidad de agradecimiento; se sobreentiende en silencio. No es ese feo «gracias» que es un simple formalismo. Y... *siembran con cariño...* Vas a explotar al amigo. ¿Cómo puedes sembrar con cariño? Tu cariño es una fachada, un soborno, una persuasión. Por tu cariño el amigo se ha de convertir en un campo para ti. Pero tu verdadero interés está en sembrar la semilla y recoger la cosecha, y tu agradecimiento es vacío. Si tu amigo no te da nada, tu agradecimiento desaparecerá.

Por eso te digo: da, comparte con amor, sin ningún deseo de recompensa rondando en tu corazón, y entonces la cuestión del agradecimiento adquiere una nueva dimensión. Estás agradecido de que el amigo haya recibido tu amor, recibido tus canciones, recibido tu abundancia.

Debes estar agradecido, pero no porque hayas recibido de un amigo; debes estar agradecido de que él no te haya rechazado. Tenía todo el derecho de rechazarte. Fue humilde y comprensivo. Siéntete agradecido, pero por una razón totalmente diferente.

Es su mesa y el fuego de su hogar.

¿Qué disparate está diciendo? Duele oírlo porque es un hombre muy sensible. *Es su mesa y el fuego de su hogar,* ¿tu amigo? Tú deberías ser la mesa para tu amigo y *tú* deberías ser el fuego para tu amigo. Ésa es la diferencia entre la amistad y la amigabilidad. Puedo perdonar al joven que hizo la pregunta, pero no puedo perdonar a Kahlil Gibran, quien da la respuesta.

> Cuando el amigo de ustedes manifiesta su pensamiento, no temen el «no» en su propia mente, ni retienen el «sí».

¿Por qué deberías temerle a un amigo? ¿Qué vas a hacer entonces con un enemigo? Así que cuando tu amigo manifieste su pensamiento, no temas decir «no», pues él comprenderá. Y... tampoco retengas el «sí».

¿Qué es amigabilidad? Si no eres capaz de abrir tu corazón, desnudo, en amigabilidad, entonces no eres más que un astuto negociante. Estás pensando en las ganancias, estás pensando en el futuro, estás pensando en la acogida.

Aunque tus sentimientos te lleven a decir «no», temes que tu «no» destruya la amistad. Y tu amigo es tu necesidad, es tu mesa, es tu campo... ¿acaso eres caníbal? Esto pone en evidencia los secretos de una mente astuta: di «sí» cuando sepas que él va a ponerse feliz, di «no» sólo cuando estés seguro de que él se pondrá feliz. No estás siendo honesto, sincero.

Si no puedes ser sincero con un amigo, ¿con quién puedes serlo? Por eso digo que la amigabilidad es un valor mucho más importante y elevado. Puede decir «no» sin temor pues sabe que el amigo comprenderá y te agradecerá que no lo hayas engañado.

Ser amistoso significa exponerse el uno al otro porque se tienen confianza. La amistad es algo muy pobre.

> Y cuando él guarda silencio, el corazón de ustedes continúa escuchando su corazón.

Ésta es la personalidad fracturada de Kahlil Gibran. La invención misma de Al-Mustafá es una postura política. Gibran no habla directamente, habla a través de Al-Mustafá porque Al-Mustafá no es más que ficción. Pero es una buena defensa; la gente lo leerá como poesía, como ficción, como algo bello.

Él ha sido alabado en todo el mundo por ese pequeño libro, *El Profeta*. Tal vez sea yo el primero que intenta discrepar y distinguir claramente en qué es honesto y en qué no lo es.

Porque en la amistad, sin palabras, todos los deseos, todas las ideas...

Nunca va más allá de la mente. La amigabilidad trasciende la mente, igual que el amor trasciende la mente. De hecho, la amigabilidad se eleva más alto aún que el amor.

En los *Upanishads* hay una declaración extraordinaria... Ha sido tradición en el Oriente que cuando alguien se casa va con su esposa a donde hay un vidente, a donde hay un sabio, a pedirle su bendición. Y una bendición tan extraña no existe en ningún lugar, en ninguna literatura, en ninguna tradición.

El sabio, el hombre iluminado, los bendice con las siguientes palabras: «Deberás dar a luz a diez hijos y, después de eso, tu esposo será tu undécimo hijo». Parece absurdo: ¿el esposo va a ser el undécimo hijo? Pero tiene mucha profundidad. Has amado lo suficiente, has dado a luz a diez hijos; ya es tiempo de superar el amor mismo. Hasta tu esposo es tu undécimo hijo. Transciendan el amor, únanse y fusiónense en amistad. Refínenla hasta el punto en que se convierta en amigabilidad; ya no serás una esposa y tu marido no será el marido, sino que serán dos almas viviendo juntas en amigabilidad.

...todas las esperanzas nacen y son compartidas sin palabras, en una alegría silenciosa.

El amor y la amigabilidad no tienen expectativas. Ésa es la belleza de la amigabilidad: no esperas nada, pues cuando hay expectativas, detrás de ellas, como una sombra, sigue la frustración. Y no puedes darle órdenes al futuro; no sabes ni siquiera cómo será el futuro.

Cuando era estudiante de posgrado en la universidad, había una joven muy bella que estudiaba las mismas asignaturas que yo. A lo largo de dos años estuvimos estudiando las mismas asignaturas —filosofía, religión y psicología— y al final teníamos que marcharnos. Ella era una muchacha rica, hija de un recaudador de impuestos de la ciudad. Yo había salido. Su auto la estaba esperando y tal vez también ella estaba esperando; no había razón de que se sentara en el auto a esperar. Le tomó dos años decirme:

—He estado muy frustrada. Quería que me dijeras: «Te amo».

Le dije:

—El amor no es una expectativa; y cuando es una expectativa, necesariamente sigue la frustración.

¿Por qué todo el mundo parece tan frustrado? Por la simple razón de que tienen demasiadas expectativas. Le dije a la muchacha:

—Lo que me estás diciendo ahora has debido decírmelo apenas comenzaste a sentir amor por mí.

Y ella dijo:

—Lo pasado es pasado. Ya no podemos volver a lo que fue. Pero éste es mi último día en la ciudad. Yo estaba hospedada con mi padre aquí porque él es recaudador de impuestos, pero toda mi familia vive en Nueva Delhi. Esta noche ya me habré ido. Así que reuní valor para decirte: «Te amo. ¿Puedes prometerme que cuando ames yo tendré la prioridad?».

Yo le dije:

—No puedo prometerte nada sobre el futuro. El futuro es totalmente desconocido. No puedo prometer nada ni siquiera para mañana ni para el próximo instante.

Para mí, prometer demuestra la debilidad de la mente. Toda promesa se convierte en problema por el simple hecho de que el futuro nos es absolutamente desconocido.

Dónde estarás mañana, nadie lo sabe. Cualquier promesa es irreligiosa, pues demuestra una mente torpe que no entiende el futuro.

Una persona religiosa no puede tener expectativas porque eso tiene que ver con el futuro; tampoco puede prometer, pues también eso se relaciona con el futuro. La persona religiosa vive en el momento. Pero él dice: «Cuando las expectativas en cuanto a tu amigo...».

> Cuando se separan de su amigo, lo hacen sin aflicción, pues lo que
> aman en él puede tornarse aún más claro en su ausencia...

Hay algo de verdad en esto. La mente humana es tal que comenzamos a dar todo por hecho, por lo que sólo en la ausencia nos damos cuenta de que ésa fue nuestra insensatez: dar algo por hecho.

Vivimos nuestra vida entera sin ser amistosos, sin amor, porque lo hemos dado por logrado. «Siempre son los otros que mueren; yo siempre sigo vivo». Así que postergas vivir. Y todo el mundo posterga vivir sin saber qué le depara el futuro.

Una vez más insisto y recalco: no des nada por sentado. Vive el momento. Y vivir el momento te dará la fuerza para vivir otros momentos si llegara a haber un futuro. Tu fuerza seguirá creciendo. De otra forma... es triste que haya tantas personas que, cuando están muriendo, se dan cuenta por primera vez de que...«Dios mío, yo estuve vivo setenta años pero siempre estuve postergando. Y ahora ya no hay futuro para postergar».

Nunca hagas promesas, pues puedes no estar en capacidad de cumplirlas. Sé claro: «Yo no soy el dueño del futuro». Pero hay personas que están haciendo toda clase de promesas. Les dicen a sus amantes: «Te amaré siempre». Ésas son las promesas que se convierten en cárceles.

Dile a tus amigos, a tus amantes: «Solamente se me da un momento a la vez; ni siquiera se dan dos momentos juntos. Así que en este momento puedo decir con certeza que te amo, pero en cuanto a mañana me es imposible decir que te amaré. Ayer no estaba enamorado de ti. Tal vez mañana la fragancia del amor, tal como llegó, sin ningún preaviso, se alejará. Entonces seré esclavo de mi propia promesa, avergonzado de mis propias palabras».

Haciendo promesas, cumpliendo tu palabra... toda la humanidad se ha encarcelado. Vive, y vive plenamente, pero hazlo *ahora*, pues es todo lo que tienes seguro, en la mano. Pero conozco la insensatez de la gente. Si le dices a una mujer: «Te prometo que te amaré en este momento pero no puedo decir nada en cuanto al próximo momento. Tampoco quiero tener expectativas en cuanto a ti, ni que tú las tengas en cuanto a mí; de lo contrario, la vida va a convertirse en una frustración constante...».

Y que no haya otra finalidad en la amistad...

Eso es lo extraño en Kahlil Gibran, su personalidad fracturada. Hay que diferenciar cuándo está hablando como Zorba y cuándo está hablando como Buda. Nunca logró llegar a una síntesis entre los dos, lo más alto y lo más bajo. Y que no haya otra finalidad... que no sea la maduración del espíritu.

Pero ésa también es una finalidad. A veces las personas que tienen la visión tan clara en cuanto a todo lo que ocurre en el mundo son absolutamente inconscientes de lo que dicen.

Gibran dice primero: *Y que no haya otra finalidad en la amistad que no sea la maduración del espíritu...* pero ésa también es una finalidad. De hecho, no hay finalidad, pues la maduración del espíritu ocurre por sí sola. No se requiere mencionarla; de lo contrario, la declaración se vuelve contradictoria.

Primero dice: *El amigo de ustedes es la respuesta a sus necesidades...* y ahora dice: *En la amistad no debe haber ninguna finalidad.* Pero ¿qué son las necesidades si no finalidades? Toda finalidad destruye la belleza de la amigabilidad.

La amigabilidad no debe tener ningún propósito, ni necesidades, aunque es un milagro de la vida que si no tienes propósitos ni necesidades, tus necesidades serán satisfechas y tus propósitos realizados. Pero eso no debería preocuparte; de lo contrario, no tienes amigabilidad, no tienes amor.

> Pues el amor que busca otra cosa que no sea la revelación de su propio misterio no es amor, sino una red tendida, y sólo lo improductivo será atrapado en ella.

El amor que busca otra cosa que no sea la revelación de su propio misterio no es amor... puesto que el amor es un misterio y no hay manera de revelarlo.

El amor es como las raíces de los árboles, escondidas en la profundidad de la tierra. Comparte la fragancia, las flores, el follaje, el verdor, pero no intentes desenterrar el árbol para ver de dónde saca tantos colores, tanta fragancia, tanta belleza, pues el árbol morirá. Las raíces tienen que permanecer escondidas, secretas, un misterio. No es que lo quieras... pero no puedes contravenir las leyes de la naturaleza.

Comparte tu fragancia, comparte tus flores. Baila en la luna, en el viento, en la lluvia. ¿Has visto esta mañana? Todos los árboles están tan felices, bailando en la lluvia, despojándose del polvo, volviéndose nuevos y jóvenes otra vez. Pero las raíces deben permanecer en el misterio. Una vez expuestas las raíces, el amor muere. Y es desafortunado que cada amante, cada amigo se muestre curioso por conocer tu misterio, por saber tu secreto. Los amantes se pelean constantemente diciendo: «Me estás ocultando algo».

Miles de años... y el hombre ha llegado a la conclusión de que es imposible comprender el misterio de la mujer, pues ella tiene las raíces más profundamente arraigadas en la tierra. La mirada del hombre está clavada en el cielo. Es una idiotez el esfuerzo por alcanzar la luna. ¡Y ahora el esfuerzo por llegar a Marte!

No eres capaz de vivir en esta bella Tierra en paz y en silencio, con amor, sin fronteras entre las naciones, sin discriminación por razones del color, sin convertir a media humanidad —a la mujer— en una prostituta comprada, en prostituta de por vida. No has sido capaz de aprender a vivir en la Tierra y tus ojos ya están clavados en la luna.

¿Sabías que existe la palabra «lunático»? Viene de la raíz «lunar». Lunar se refiere a la luna. El hombre es un lunático. De hecho, tratar de averiguar el misterio de tu amante es tan desagradable como lo son todos los mirones y curiosos. La naturaleza no quiere que se te desmitifique, pues en el misterio florece el amor y baila la amigabilidad.

Está bien que ni los hombres entiendan a las mujeres y que ni las mujeres entiendan a los hombres. No hay necesidad de entender. Lo que se necesita es suficiente espacio para cada uno, para que sus secretos y sus misterios se mantengan escondidos. Es a causa de ese misterio que se han enamorado. Si desmitificas a la mujer, el amor también puede desaparecer.

El conocimiento tiene tan poca importancia y el misterio es tan profundo. Asómbrate con el misterio, pero nunca te preguntes qué es; tu amigabilidad, tu amor no conocerán límites. Cuanto más cerca estés, más profundo será el misterio.

Pero Kahlil Gibran parece estar confundido continuamente, y es natural. A veces hay breves destellos cuando dice verdades asombrosas y hay otros momentos en que vuelve a la oscuridad y comienza a hablar como un idiota. Se puede percibir en todas sus afirmaciones.

Primero dice: el amigo de ustedes es la respuesta a sus necesidades... y después dice: que no haya finalidad. ¿Qué son las necesidades si no son finalidades? Inmediatamente después dice que hace una excepción, que la maduración del espíritu debe ser la única finalidad. En la existencia, en la realidad, no hay excepciones.

Pero mira otra vez... *sino una red tendida, y sólo lo improductivo será atrapado en ella.* No debería haber ninguna finalidad excepto la maduración del espíritu, que es un producto secundario. Y de nuevo olvida lo que está diciendo. Lo improductivo ahora es casi el lenguaje del negociante, no de un poeta, pues lo improductivo te transporta a las esferas más elevadas del ser. Lo productivo te arrastra hacia la gravitación de la Tierra.

Y que lo mejor de ustedes mismos sea para su amigo.

Anda en *zig zag*. No lo culpo, simplemente estoy señalando que un hombre de su genialidad no puede ver las cosas simples en una declaración. *Y que lo mejor de ustedes mismos sea para su amigo...* pero los gustos varían. Lo que es lo mejor para ti puede ser inútil para tu amigo. ¿Quién eres tú para decidir qué es lo mejor para él? Yo no diría eso; yo diría: «Abre tu corazón y deja entrar a tu amigo; lo que él desee es suyo».

Si él debe conocer el flujo de su marea, que conozca también su reflujo.

Esto no es más que una perogrullada. Debes abrir tu corazón completamente. Flujo o reflujo, todo debe estar a disposición de tu amigo.

Pues ¿qué amigo es aquél si sólo lo buscan para matar el tiempo?

Todos los amigos hacen eso, matan las horas del otro porque ambos están vacíos y no saben estar solos, no saben disfrutar estar solos.

Búsquenle siempre con tiempo para vivir.

No para matar el tiempo sino con tiempo para vivir. Eso es maravilloso, glorioso. Pero él parece ser como el péndulo de un reloj que no deja de moverse de un extremo al otro. Ciertamente no es un hombre con conciencia; aunque sí es un hombre de inmensa capacidad expresiva, un hombre que puede expresarse con palabras doradas.

> Búsquenle siempre con tiempo para vivir. Pues el papel del amigo es llenar sus necesidades, y no su vacío.

¿Entiendes lo que estoy diciendo... del péndulo? Pero Kahlil Gibran mismo no es consciente de que una afirmación contradice la otra inmediatamente. *Pues el papel del amigo es llenar sus necesidades.* ¿Y qué pasó con las expectativas? ¿Qué paso con la ganancia? Él lo ha olvidado, parece, *y no su vacío.* Esto hay que entenderlo, que la necesidad más grande del ser humano es no estar vacío, es no estar en la oscuridad, es no estar solo. Su mayor necesidad es que lo necesiten. Si nadie lo necesita, toma más y más conciencia de su vacío.

Entonces hasta esta frase es contradictoria. Pues es su voluntad... *Pues el papel del amigo es llenar sus necesidades...* pero ¿no es el vacío tu mayor necesidad? ¿En qué te empeñas constantemente? Sólo en no sentirte vacío. Pero *estás* vacío.

El Oriente tiene una respuesta mucho más profunda: que el vacío no tiene que ser negativo. No lo llenes con todo tipo de disparates. El vacío puede convertirse en tu templo lleno de santidad. Y sin embargo va a estar vacío porque la santidad es sólo una cualidad. Llénalo de luz y sin embargo seguirá vacío. Llénalo de silencio... Transforma el vacío negativo en un fenómeno positivo y habrás obrado un milagro a tu favor.

> Y que en la dulzura de la amistad haya risa y compartir de placeres.

Una y otra vez, Kahlil Gibran dice cosas sin darte la clave de cómo pueden volverse posibles. Cualquier idiota puede llegar y decirte: «Llena tu jardín de verdor, de rosas, de estanques, de bellos lotos», pero no basta. Estás hablando con un hombre que no ha conocido el verdor, que no ha conocido los lotos y que no tiene idea de cómo lo va a hacer. Falta la clave.

Esto no ocurre sólo con Kahlil Gibran; casi todas las religiones del mundo están en la misma situación. Dicen: «No debes sentir ira». Sin embargo ¿cómo es esto posible? ¡La ira esta ahí! «No debes sentir celos». Pero ¿cómo deshacerse de los celos? «No debes tener una actitud competitiva». ¡Falsos mandamientos!

Es hermoso estar en silencio, pero ¿dónde está la meditación que te aporta ese silencio? «No debes sentir celos», pero ¿dónde está la comprensión de que con los celos quemas tu propio corazón? No le hacen daño a nadie más que a ti.

¿Cómo puedes deshacerte de una actitud competitiva? Todos enseñan: «No compitas», pero por otro lado te dicen: «Sé alguien». Te imponen ideales: «Sé un Jesús». Pero hay millones de cristianos. Tendrás que competir. Te dicen: «No seas celoso», pero obligan a las personas a ser celosas, atando un hombre a una mujer. Cuando el amor desaparece y se va la primavera, el hombre comienza a encontrar cómo, y la mujer también.

Es una sociedad tan hipócrita. Seguimos viviendo en la infelicidad, en la mentira, hasta en las cortes.

Una vez estuve en una corte en Jabalpur... Había una iglesia, una hermosa iglesia. Pero cuando el gobierno británico se retiró en 1947, todos los fieles de la iglesia también regresaron a su país. La iglesia había estado cerrada casi diez años. Tenía un bello jardín que estaba casi destruido. La iglesia pertenecía a la Iglesia anglicana, era su propiedad.

Yo tenía algunos amigos cristianos y les dije:

—Ustedes son tontos. Su Cristo ha estado preso en una iglesia cerrada diez años y tal vez permanecerá allí toda su vida. Ustedes deberían juntar a algunos cristianos jóvenes...

Pero tenían mucho miedo porque la propiedad pertenecía a la Iglesia anglicana. Yo les dije:

—No se preocupen, yo inauguraré la iglesia. Ustedes rompan y boten esas cerraduras y límpienla, restáurenla. La iglesia les pertenece a los que rinden culto allí. No es propiedad de nadie. Si ustedes rinden culto allí, será *su* iglesia.

Dijeron:

—Usted está creando problemas. Pronto habrá un pleito en la corte.

Yo dije:

—No se preocupen. Yo lucharé con ustedes. Ustedes pueden decirle la verdad a la corte, que fui yo quien se los sugirió.

Era algo muy razonable y de alguna manera —a regañadientes, sin convicción— lograron romper los cerrojos, restaurar la iglesia y arreglar el jardín. Y un domingo la inauguré.

Inmediatamente otros cristianos informaron a la Iglesia anglicana. «Esto es una violación de propiedad privada. No sólo es una violación de propiedad privada sino que esta gente se ha adueñado de la propiedad». Y era un lugar enorme, casi veinte acres de tierra, y la iglesia era muy hermosa.

La Iglesia anglicana tenía un obispo como representante en Nagpur. En esos tiempos Nagpur era la capital de Madhya Pradesh. Entonces él les ordenó:

—Llévense a toda esa gente —y en particular a mí, pues yo ni siquiera era cristiano.

Llévenla ante el tribunal.

Parado en la barra de los testigos, le dije al magistrado:

—Antes de prestar juramento para decir la verdad, quiero aclarar algunas cosas que serán imposibles de aclarar una vez que haya jurado.

Me contestó:

—Ésa es una petición muy extraña. Primero hay que prestar juramento.

Y yo dije:

—Las cosas que voy a decirle tienen que ver con el juramento; entonces ¿por qué no se me permite decirlas antes?

Me dijo:

—Bueno, puede hablar, pero ésta no es la manera como se hacen las cosas normalmente.

Yo dije:

—Lo primero es que yo lo he visto a usted visitando prostitutas, entonces no le tengo ningún respeto. Le puedo decir a un asno: «Honorable señor», pero a usted no le puedo decir con sinceridad «Honorable señor» porque sería una mentira. Mi corazón no lo admite. Así que si usted insiste en el juramento, permítame decirle lo que mi corazón me dice que es la verdad; si no, olvidemos el juramento. Segundo, quiero saber en qué debo prestar juramento.

Él respondió:

—Puede prestarlo en la Biblia, en el Bhagavad Gita o cualquier libro sagrado.

Yo le dije:

—Todos ellos están llenos de mentiras. ¿Alguna vez los ha leído? Y esto es tan absurdo que un juramento de que la verdad será dicha deba prestarse sobre un libro lleno de mentiras. Tercero: la idea de un juramento me parece repugnante porque implica que estoy diciendo que sin el juramento voy a mentir, que sólo diré la verdad bajo juramento. No puedo aceptar esa condena de mí mismo. Digo la verdad como la siento en mi ser, y a esos libros corruptos, de miles de años... no les tengo ningún respeto tampoco. Sólo las personas como usted pueden tener fe en esos así llamados libros sagrados. Pero estoy dispuesto a someterme a cualquier formalismo. Recuerde, sin embargo, que una vez que preste juramento sosteniendo un libro sagrado lleno de mentiras, estaré mintiendo todo el tiempo. Tengo que guiarme por el libro. Primero, pruebe que estos libros contienen la verdad, pruebe que usted es digno de ser llamado «Honorable señor» y convénzame de que el concepto mismo de juramento no es repugnante. Quiere decir que he estado mintiendo mi vida entera, sólo bajo juramento puedo decir la verdad. Y usted es un hombre inteligente; usted ve que si un hombre puede mentir durante toda su vida, su juramento también puede ser una mentira. ¿Quién podría impedírmelo?

Continué:

—Yo no pertenezco a ninguna religión, no pertenezco a ninguna superstición, así que depende de usted.

Inmediatamente dijo:

—Llamen al segundo testigo.

Yo dije:

—Todavía no, pues aún tengo algo más que decir. Un templo le pertenece a los que rinden culto allí. Un templo no es simplemente un pedazo de terreno, no es una casa. No puede pertenecer a nadie. La Iglesia anglicana no tiene derecho de poseer la iglesia. La iglesia les pertenece a los que rezan allí, a los que meditan allí. Ellos son los verdaderos propietarios.

El magistrado estaba temblando. Me dijo:

—Lo he escuchado, pero usted ha planteado preguntas tan fundamentales que es mejor no empezar a discutirlas. ¡Llamen al segundo testigo!

Este mundo está lleno de hipocresía. Sus líderes están mintiendo continuamente. A nadie se le permite vivir, sino mentir...

Y que en la dulzura de la amistad haya risa y compartir de placeres.

Pero ¿cómo? Han destruido la capacidad del ser humano hasta de sonreír. Y si quieres —la idea es buena— dile a la gente cómo puede reanimar su vida, su risa, su baile, su compartir de placeres. Todas las religiones están en contra de los placeres. Ninguna religión ha hablado de compartir, pero: «Da a los pobres porque a cambio recibirás con creces después de tu muerte». Eso es un puro negocio. De hecho, hasta llamarlo negocio es incorrecto; es una apuesta. Ninguna iglesia, ninguna sinagoga, ningún templo le permitiría a la gente reír, bailar, cantar. Se ha aplastado el espíritu humano tan completamente que ya es casi un cadáver.

El problema con Kahlil Gibran es que es una gran fuerza intelectual; todas esas aseveraciones las hace con la razón, aunque no con la experiencia. Si hablara a partir de su propia experiencia, habría dado la clave de cómo deshacer todo lo que los siglos han hecho al ser humano.

> Pues en el rocío de las pequeñas cosas, el corazón encuentra su mañana y toma su frescura.

Escribe bellas palabras, pero ¿para qué sirven? Todas las religiones han estado enseñando: «Renuncia al mundo». No hay religión que permita el placer; no hay religión que permita la risa; no hay religión que te permita disfrutar las pequeñas cosas de la vida. Al contrario, condenan cada pequeña cosa, las cosas sencillas.

Y la vida consiste en cosas pequeñas. Las religiones hablan de Dios pero no de las flores; hablan del paraíso pero no de la comida nutritiva; hablan de todo tipo de placeres en el cielo, pero no en la Tierra. La Tierra es un castigo. Te han arrojado a la Tierra de la misma manera como a algunos los meten a la cárcel.

Kahlil Gibran es grandioso con las palabras, pero hay algo de cobardía en su inconsciente; si no fuera así, hubiera añadido: «Los que enseñan lo contrario no son tus amigos, son tus enemigos. Todas las religiones son enemigas del ser humano, todos los sacerdotes son enemigos del ser humano, todos los gobiernos son enemigos del ser humano». Pero no vas a encontrar ni una sola frase en ese sentido. Por eso se le respeta en todo el mundo, porque no molesta a nadie. Yo digo las mismas cosas pero lleno los vacíos donde él omitió ciertas cosas.

Es un hombre precioso, pero no es valiente. Sigue siendo una oveja, no un pastor; una oveja, no un león. Hubiera debido rugir como un león, pues tenía la capacidad para ello.

7

Infinito e inconmensurable

Y un astrónomo dijo:

—Maestro, ¿qué nos dices del tiempo?

Y él respondió:

—Ustedes quisieran medir el tiempo, infinito e inconmensurable, quisieran ajustar su comportamiento y hasta regir el curso de su espíritu de acuerdo con las horas y las estaciones. Del tiempo quisieran hacer un arroyo, a cuya orilla se sentarían a observar correr las aguas. Sin embargo, lo que en ustedes escapa al tiempo sabe que la vida también escapa al tiempo. Y sabe que el hoy no es más que el recuerdo del ayer y el mañana, el sueño de hoy. Y aquello que canta y medita en ustedes aún mora dentro de los límites de aquel primer momento que esparció las estrellas en el espacio. ¿Quién, entre ustedes, no siente que su capacidad de amar es ilimitada? Y, sin embargo, ¿quién no siente ese amor, aunque ilimitado, circunscrito dentro de su propio ser, y no desplazándose de un pensamiento amoroso a otro, ni de un acto de amor a otro?, ¿y no es el tiempo, exactamente como el amor, indivisible y sin medida? Sin embargo, si en sus pensamientos deben medir el tiempo en estaciones, que cada estación envuelva a todas las otras estaciones. Y que su presente abrace el pasado con nostalgia y el futuro con anhelo.

Kahlil Gibran es una categoría en sí mismo. Es eso lo que más sorprende en él, y lo más misterioso. Hay momentos en que parece ser un místico de la más alta categoría, un Gautama Buda, un Jesús, un Sócrates. Y otras veces el místico simplemente desaparece, dejando sólo un poeta que canta canciones hermosas pero sin contenido, que habla en palabras de oro pero que no reflejan ninguna experiencia auténtica, que no tienen un sabor a existencia.

Es muy difícil para una persona común y corriente distinguir cuándo Kahlil Gibran es un místico y cuándo es simplemente un poeta. A veces, cuando es sólo un poeta, parece más bello. Es un poeta nato; es como un río que a veces se vuelve muy poco profundo, pero cuando el río corre superficial, canta canciones. Y a veces el río se vuelve muy profundo, pero entonces no hay más que silencio.

Las aseveraciones de hoy hubieran sido perfectamente apropiadas en labios de un Heráclito, o Chuang Tzu, o Nagarjuna. No hubiera sorprendido que Buda pronunciara esas palabras.

La sorpresa es que Kahlil Gibran aún no es un hombre despierto y, sin embargo, milagrosamente, habla de esas profundidades y de esas cumbres que sólo están al alcance de los iluminados. Por eso digo que es una categoría en sí mismo, una extraña mezcla del místico y del poeta.

Como poeta, el místico más grande queda corto en comparación a Kahlil Gibran; pero como místico, sólo de vez en cuando despliega sus alas en pleno cielo y asciende hacia lo ilimitado sin temor, sin ni siquiera mirar hacia atrás.

En su alma están ambos presentes, el poeta y el místico, es un hombre muy rico. El poeta frecuentemente está más despierto, el místico, de vez en cuando; pero la mezcla de los dos ha creado una nueva categoría a la que sólo otro hombre, Rabindranath Tagore, puede pertenecer. Conozco sólo a estas dos personas que perte-nezcan a esta extraña categoría.

Las afirmaciones que vamos a estudiar son de una inmensa profundidad y tienen que ver con el más misterioso de los temas: el tiempo. Todos creemos conocer el tiempo; lo damos por supuesto. Hay gente jugando naipes, yendo al cine, y si se les pregunta: «¿Qué están haciendo?», no dudan en responder que están «matando el tiempo». No saben lo que es el tiempo.

A lo largo de los siglos, miles de filósofos han considerado y meditado sobre el tema, pero nada muy tangible ha llegado a manos de la humanidad. Pero estas afirmaciones no vienen de un filósofo, vienen de un poeta que conoce la belleza del lenguaje.

A veces, cuando el místico está algo despierto, se abre una ventana a lo desconocido. Tiene una visión momentánea y es lo suficientemente expresivo para convertir esa breve visión en pala-bras, para traducirla en palabras tales que tal vez él mismo puede no ser capaz de explicar lo que quiere decir.

Ocurrió una vez... un profesor de literatura inglesa en la Univer-sidad de Londres en algún momento se bloqueó mientras ense-ñaba los poemas de Coleridge, uno de los poetas más importantes de Inglaterra. El profesor debe haber sido muy honesto. Normal-mente los profesores no son muy honestos; aunque no entiendan algo, siguen adelante aparentando entender. Aunque no sepan, nunca dicen: «No sé».

Es muy raro encontrar un profesor que sea capaz de decir: «Perdónenme. Entiendo las palabras pero no logro captar su signi-ficado profundo. Pero denme tan sólo un día, pues Coleridge vive en mi vecindario y entonces no es un problema difícil. Iré a verlo y le preguntaré directamente: "¿Qué quiere usted decir? Capto la belleza de sus palabras, el significado lingüístico de sus palabras, pero eso no es todo. Continuamente siento que algo se me escapa, que se me escapan el significado real y la importancia. Soy capaz de captar la rosa, pero su fragancia me elude y en la fragancia está la importancia de la rosa"».

Al otro día abordó a Coleridge. Estaba regando sus plantas en el jardín, un hombre anciano. El profesor le dijo:

—Perdone que lo moleste, pero me es absolutamente necesario... no puedo ser deshonesto con mis estudiantes. Si sé algo, digo que lo sé; si no sé, no puedo fingir. Aunque ellos no podrán darse cuenta, no podrán ver que han sido engañados, yo sabré que los estoy engañando. Éste es su poema y ésta es la parte que no entiendo. Toda la noche estuve intentando comprenderla. He descubierto capas y capas en ella; sin embargo, se me escapa el significado. Por eso he venido a preguntarle. ¿Cuál es el significado de estas palabras?

Coleridge respondió:

—Me está haciendo una pregunta muy difícil. Cuando escribí este poema, dos personas sabían su significado.

El profesor se alegró mucho. Dijo:

—Entonces no hay problema. No me importa la otra persona, simplemente dígame cuál es el significado.

Coleridge dijo:

—Usted me entiende mal. Cuando yo lo estaba escribiendo, dos personas sabían el significado: Yo sabía el significado y Dios sabía el significado, y ahora sólo Dios lo sabe. He intentado muchas veces yo mismo... bellas palabras, pero nada sustancial. Le pido que me perdone. Si se encuentra con Dios en algún lugar, puede preguntarle a él; y también puede preguntarle en nombre mío, pues me inquieta mucho. No es la primera vez; usted ha venido a verme... esto ha ocurrido tres o cuatro veces anteriormente. Otras personas que tienen una profunda comprensión de la poesía me han abordado, y ésta es la parte que no han entendido. Esas palabras inaccesibles son claras pero vacías.

Kahlil Gibran es uno de los poetas más grandes, con una cualidad única: de vez en cuando el poeta se transforma en místico. Y cuando habla el místico, no es Kahlil Gibran quien habla.

En palabras de Coleridge: «Es Dios quien habla». Él se ha convertido en un vehículo, permitiendo que la existencia se exprese. Si vas a verlo, tal vez él mismo no sea capaz de explicarte muchas de las cosas que ha dicho, y las ha dicho de una manera tan sublime como nunca antes se habían dicho.

> Y un astrónomo dijo:
> —Maestro, ¿qué nos dices del tiempo?

El astrónomo se preocupa permanentemente por la realidad del tiempo. Ésa es precisamente su profesión, es toda su búsqueda.

> Y él respondió:
> —Quisieran medir el tiempo, infinito e inconmensurable.

Está diciendo que tu esfuerzo mismo es absurdo. ¿*Medirías... lo infinito y lo inconmensurable?* La idea misma demuestra tu ignorancia. La vida tiene muchas dimensiones que son infinitas e inconmensurables; el tiempo es sólo uno de esos aspectos.

Dicho sea de paso, resultará importante para ti entender que la palabra inglesa *measure* [medir, medida] viene de la misma raíz en sánscrito que «materia». La raíz sánscrita es *matra*: aquello que se puede medir. La materia es aquello que se puede medir. El espíritu es aquello que no se puede medir.

La única diferencia entre lo material y lo espiritual está en la medida, pues una medida es una cantidad: materia; y la otra medida es una cualidad: espíritu, amor, tiempo. Estas últimas son cualidades; no hay manera de medirlas. Se pueden experimentar, pero no se puede describir la experiencia en palabras que indiquen cualquier clase de medida. ¿Se le puede decir a alguien cuánto se le ama? ¿Un kilo, dos kilos, o un kilómetro, dos kilómetros? ¿Cuánto amas? Hasta el cielo entero te parecerá demasiado pequeño. Todas las medidas se descartan.

Así que cuando alguien dice: « Te quiero mucho », no entiende lo que está diciendo, pues « mucho » indica cantidad. El amor es simplemente amor. Nunca es más, nunca es menos. Basta con decir: « Te quiero ». O tal vez resulte mejor no decirlo. Que tus ojos lo demuestren, que tus manos lo digan, que tus canciones lo insinúen, que tu baile lo indique. No digas: « Te amo », pues en el momento en que lo dices reduces algo inmenso a una pequeña palabra: « amor ». Has matado algo.

La inmensidad del amor, si se reduce a una pequeña palabra, se aprisiona. Se le cortan las alas. Es una palabra muerta.

Mi propia experiencia de miles de mis seguidores me ha aportado extrañas intuiciones que tal vez se le escaparon a Gautama Buda, pues él nunca habló del amor. En el mismo momento en que le dices a alguien: « Te amo », ¡cuidado! Puede ser el comienzo del fin.

Cuando había amor no había necesidad de decirlo. Sin decirlo, se oía. Sin pronunciar una sola palabra, cada vibración en tu entorno demostraba que estabas en primavera, floreciendo, bailando en el viento, en el sol, en la lluvia. El que ama no camina, baila. Sólo los que no conocen el amor caminan.

En el momento en que el amor florece en tu ser, el fenómeno es tan grande y tan arrollador que cambia todo en ti. Tus ojos ya no son como eran, sin brillo, muertos; de repente están encendidos. De repente la oscuridad de tus ojos desaparece y hay luz; la superficialidad de tu rostro desaparece y hay profundidad tras profundidad. Tocas a alguien y tu mano deja de ser simplemente un objeto físico; fluye a través de ella algo no físico, algo inmaterial: la calidez.

Debes haberlo percibido al estrecharle la mano a alguien... Con algunas personas, cuando les estrechas la mano es como si lo hicieras con una rama muerta de un árbol. Con algunas otras, en contadas ocasiones, cuando les das la mano sabes que no es simplemente un estrechón de manos sino un intercambio de dos energías. Sientes el flujo de energía de tu lado y el flujo de energía del otro lado. Ha habido comunicación, comunión.

Al-Mustafá dice: *Quisieran medir el tiempo, infinito e inconmensurable. Por favor no seas tan torpe.* Pero los astrónomos a lo largo de los siglos han estado haciendo precisamente eso.

> Al-Mustafá dice:
> —Quisieran ajustar su comportamiento y hasta regir el curso de su espíritu de acuerdo con las horas y las estaciones.

Y eso me recuerda... Uno de mis amigos —aunque era muy anciano, de la edad de mi abuelo— me amaba inmensamente, así que la diferencia de edades, la brecha generacional, desapareció. Fue miembro del parlamento durante sesenta años consecutivos. Es un hecho histórico que sólo dos hombres han permanecido por tanto tiempo, sin interrupción, como miembros del parlamento. Uno fue Winston Churchill y el otro el doctor Govindas.

Era muy tradicional, y todo el mundo se preguntaba la razón de que fuera tan tradicional, tan ortodoxo... Hasta las personas ortodoxas preguntaban: «¿Cómo se las arreglan para sentarse juntos por horas a discutir?». Yo me quedaba en su casa cuando pasaba por Nueva Delhi. Hasta su esposa una vez me dijo:

—Es tan extraño... todo lo que dices va en contra de él. Escuchándolos a los dos me siento muy confundida. Él sigue escuchándote pero sigue haciendo sus cosas a su manera.

Era tan supersticioso que si iba a viajar a alguna parte en tren o en avión, primero llamaba a su astrólogo para preguntarle:

—¿Cuál es el momento apropiado para desplazarse hacia el norte o hacia el sur, el minuto exacto, los segundos?

Y el astrólogo hacía sus cálculos según la ubicación de los astros. Yo le dije:

—Eso es una exageración.

A los astros no les importa el destino de Govindas. No veo razón alguna para que los astros se preocupen de si Govindas va hacia el norte cuando debería ir hacia el sur, o de que se está yendo con una hora de anticipación...

Le dije:

—No es más que el ego de un hombre. ¡Como si toda la existencia girara en torno a su ego!

Me escuchaba y decía:

—Puede que tengas razón, pero no quiero arriesgarme.

Y yo contesté:

—Es curioso, nunca me contradices en ese punto.

Él dijo:

—No es cuestión de contradecir, es cuestión de riesgo. Puede que tengas razón ¿pero quién sabe?

A lo largo de los siglos las personas han consultado a los astrólogos, elaborado cartas astrales...

Era muy difícil alojarme en su casa, y era igualmente difícil no alojarme en su casa, pues si yo me encontraba en Delhi y no me hospedaba con él, y si él se enteraba por los periódicos, iba corriendo a verme, enojado, diciendo:

—¡Te he dicho que cuando estés en Delhi tienes que alojarte en mi casa!

No me escuchaba en absoluto, simplemente me arrastraba a la fuerza a su casa. Yo me sentía muy cómodo allí. Tenía una casa muy bella, la mejor, como los emperadores: todas las comodidades, sirvientes, automóviles, todo. Y sólo vivían allí él y su esposa, ambos ancianos.

Invitaba a diferentes personas —miembros del parlamento, ministros, miembros del gabinete— para presentármelos. Yo le dije:

—Todo está muy bien excepto tu astrólogo. Si pudieras dejar de llamar a ese astrólogo... A causa de él me siento atormentado. El tren sale a media noche y el astrólogo dice que debo partir justo cuando el sol se esté poniendo. No está en mi poder: el tren sale a media noche; no puede salir a las seis de la tarde.

Así que los astrólogos encontraron una vía intermedia. Dicen:

—Salga de la casa a las seis de la tarde y espere en la estación.

Entonces yo esperaba horas enteras en la estación.

Le dije:

—Ése es el único problema contigo; todo lo demás está bien.

Yo llegaba a Delhi y, si me iba a hospedar en su casa, él me iba a recoger. Pero no se movía de la estación mientras no llegara la hora a la que el astrólogo le había indicado que debíamos llegar a la casa. Si llegábamos a la casa más temprano —por casualidad, porque no había demasiado tránsito— dábamos vueltas y vueltas.

Yo le decía:

—Esto es muy extraño. Me acosas a mí y te acosas a ti mismo.

Y él decía:

—Llegaremos a la casa exactamente a la hora en que los astros han definido que debemos entrar a la casa.

Yo le decía:

—Ningún astro te ha dicho nada.

Pero desde hace miles de años los astrólogos andan obsesionados. Su obsesión es que rigen su conducta de acuerdo con sus cálculos astronómicos. Cuándo casarse...

Te sorprenderá saber que según los antiguos tratados astronómicos de la India, hasta la hora para hacer el amor con tu esposa tiene que ser consultada con el astrólogo, pues podría quedar embarazada en el momento errado. Y entonces tendrás un Adolf Hitler o un Ronald Reagan en tu casa. Así que espera un poquito...

Los tratados dicen cosas tan absurdas como que cuando una madre está a punto de dar a luz, debe retenerse y mantener el control hasta el momento adecuado; debe soportar el dolor. Es una lucha porque la criatura quiere nacer pero los astros no lo permiten.

Tanta disciplina... incluso tu nacimiento, tu concepción deben realizarse de acuerdo con los astros y su movimiento. Y todo lo demás: cuándo debes comer, cuándo no debes comer. A lo largo de por lo menos diez mil años, los jainas no han comido durante la noche, sólo entre el amanecer y el anochecer.

Cuando era pequeño sufría porque no tenía ni idea... ¿Qué clase de disparate es éste? ¿Por qué deberían preocuparse los astros de si como o no durante la noche? Se aplica un método muy extraño. Lo que sobra de la cena, al anochecer, se les da a los pordioseros. De esa manera no queda nada en la cocina. Creas o no en los astros, te tienes que quedar con hambre. Hay diez días festivos en el jainismo en que no se puede ni siquiera tomar agua durante la noche, pues si no, te vas al infierno. Sólo por beber agua pura, ni siquiera agua contaminada. Estás bebiendo la misma agua todo el día y no hay ningún problema. El problema son los astros.

Al-Mustafá dice: *Quisieran ajustar su comportamiento y hasta regir el curso de su espíritu de acuerdo con las horas y las estaciones.* No sólo tu conducta sino hasta tu desarrollo espiritual depende de los cálculos del tiempo y de los astros.

Hace unos pocos días una joven monja jaina, de veintiún años, una bella muchacha, se escapó del templo donde vivía. Se dijo que alguien la había secuestrado, pero la verdad era otra. A los dos días, llegó una carta de la joven para sus padres en la que les decía: «Ya soy adulta. He cumplido veintiún años de edad y ahora soy completamente libre de tomar las decisiones que afectan mi vida. Ustedes me obligaron a ser monja, a renunciar a la vida, porque el astrólogo dijo que si me volvía monja a los nueve años, en un mes determinado, un día determinado, alcanzaría la iluminación».

Ningún padre o madre puede desaprovechar semejante oportunidad. En primer lugar, en la India una niña es una carga: pronto tendrán que convenir un matrimonio para ella. Y el matrimonio en este país es algo muy feo. El padre del muchacho que se va a casar con la joven pide dinero. Si el joven es médico, pedirá el equivalente de lo que ha invertido en su educación. Y todo padre, toda madre, de una niña quiere que su hija llegue a pertenecer a una familia acomodada. La gente vende sus casas, sus tierras, para que sus hijas puedan emparentarse con familias pudientes a través del matrimonio.

Así que ésta era una oportunidad, una oportunidad doble. Ahora el problema del matrimonio estaba resuelto. La monja iba a ser célibe por el resto de su vida, y se le presentaba igualmente la oportunidad de lograr la iluminación, pues el astrólogo lo había vaticinado.

Las escrituras dicen que si tu hijo o hija llega a la iluminación, eres bienaventurado. El padre y la madre son bienaventurados por tener un hijo o hija que logre la iluminación. Hasta eleva su estado de conciencia. Se trata de su sangre, de sus huesos; es una extensión de ellos mismos. Algo de la gloria de la persona iluminada habrá de reflejarse en la vida de sus padres.

Así que obligaron a la joven aunque ella no estaba en capacidad siquiera de entender lo que estaba ocurriendo. A la edad de veintiún años se dio cuenta de todo, de que era una gran estupidez, y se escapó.

> Del tiempo quisieran hacer un arroyo, a cuya orilla se sentarían a observar correr las aguas.

Ésta es la actitud del filósofo, del pensador. Para él, el tiempo es como un arroyo; y él permanece al margen especulando sobre el arroyo: de dónde viene, a dónde va... pero la realidad es algo totalmente diferente.

El tiempo no se va a ningún lado; nosotros venimos y nos vamos. El tiempo permanece donde está, donde siempre ha estado. No es un arroyo. Nosotros somos arroyos. El tiempo no puede ser un arroyo porque no es materia.

La física moderna apoya la afirmación de Kahlil Gibran. Albert Einstein lo apoyaría porque él redujo el tiempo a una dimensión del espacio, la cuarta dimensión del espacio.

Piensa sólo en el espacio... nunca percibes el espacio como un arroyo. El espacio siempre está ahí: tú vienes y vas, vas a la otra habitación, sales de la habitación, pero el espacio en la habitación permanece donde está. El trabajo de toda la vida de Albert Einstein consistió en tratar de entender lo que es el tiempo. Y su descubrimiento fue que el tiempo no es más que la cuarta dimensión del espacio; de ahí que no pueda fluir.

No es posible que una de tus manos fluya mientras que todo tu cuerpo permanece estático; tu mano se iría al mar mientras que tú te quedarías rezagado; y ya no habría la posibilidad de volver a encontrar tu mano.

Si el tiempo es la cuarta dimensión del espacio, quiere decir que ni el espacio va a ninguna parte ni el tiempo va a ninguna parte. Las estaciones vienen y se van, la gente viene y se va; llega la primavera y salen las flores, y llega el otoño y todos los árboles se desnudan. Entonces hay mucho ir y venir; pero recuerda que ni el espacio va a ninguna parte ni el tiempo va a ninguna parte.

Es curioso que antes de Albert Einstein nadie haya indicado que el tiempo no debe percibirse como un arroyo. Todas las culturas, todas las civilizaciones y todas las edades se lo han imaginado siempre como un arroyo. Debe de haber algo psicológico en ello. ¿Por qué será que toda la humanidad se lo ha imaginado siempre de la misma manera, como un arroyo?

Mi parecer es que... Yo veo en esto un hecho psicológico muy significativo. El hecho psicológico es que no queremos ser un arroyo, queremos estar aquí y ahora, para siempre. Las estaciones cambian, la mañana llega, la noche llega, el día se convierte en noche, la noche se convierte en día. Todo a nuestro alrededor cambia constantemente. Sólo nosotros seguimos iguales. Nuestro temor ante el cambio, nuestro temor a lo desconocido... pues el cambio puede conducirte hacia lo desconocido, *tiene* que conducirte a lo desconocido.

Vemos también que la infancia cambia, que la juventud cambia, que la edad madura cambia, que la vejez cambia, pero no le prestamos mucha atención a esa clase de cambios porque ésa es nuestra identidad. Sabemos perfectamente que estamos cambiando, que estamos fluyendo, pero nos da temor tomar conciencia de ello.

Un verdadero meditador es alguien que está consciente del cambio que está ocurriendo en su cuerpo, en el mundo. Tiene que estar consciente de todo lo que cambia. Tu mente está cambiando, tus sentimientos están cambiando: ¿acaso hay algo que no cambie? Hemos llamado ese núcleo más profundo de tu ser, tu vórtice, tu *alma*, que no cambia.

Una vez más, es importante recordar que sólo una persona en toda la historia de la humanidad ha llamado al alma «tiempo», y ese hombre fue Mahavira. Llamó al alma *samaya*: «tiempo». Eso es lo único que perdura; todo lo demás fluye constantemente.

Entonces hay en tu interior, en lo más profundo, un testigo —un *sakshi*—, un observador que no cambia. Y ese observador no es nada más que el tiempo. Pero en toda la historia sólo un hombre lo ha llamado tiempo.

Así que si te vuelves testigo de todos los cambios que se están dando a tu alrededor, en tu exterior, en tu interior, tarde o temprano tomarás conciencia de aquel que lo está observando todo. Ese testigo es eterno. Ese testigo es tu inmortalidad. Ese testigo no conoce la muerte porque no conoce el cambio.

> Sin embargo, lo que en ustedes escapa al tiempo sabe que la vida también escapa al tiempo.

Eso es lo que yo digo que es lo más misterioso en Kahlil Gibran. No está, de ninguna manera, en la misma categoría que Mahavira, pero lo que dice es exactamente lo mismo. Dice: *Sin embargo, lo que en ustedes escapa al tiempo sabe que la vida también escapa al tiempo.* Porque concibes el tiempo como un arroyo, un cambio en tu interior, hay algo que no tiene cambio. Lo puedes llamar «fuera del tiempo» porque estás acostumbrado a que el tiempo sea un sinónimo de cambio.

Aquello que en ti escapa al tiempo, aquello que en ti es invariable, también está consciente de ese núcleo más profundo de tu ser, está consciente de que todo cambio es superficial.

En la muerte no cambia nunca nada. Siempre es igual. Tan sólo al pensarlo sentirás una enorme serenidad y un silencio que descienden sobre ti...

> Y sabe que el hoy no es más que el recuerdo del ayer y el mañana, el sueño de hoy.

No se espera de los poetas decir cosas así; no es parte de su esfera. *El hoy no es más que el recuerdo del ayer...* No existe un ayer que se haya quedado atrás. No es como un tren; que llegas a esta estación y has dejado atrás la estación anterior. El ayer viene contigo. No se ha dejado atrás, ha venido contigo en forma de recuerdo. Es el recuerdo de hoy, y lo mismo es cierto del mañana.

No es que el mañana vaya a salir de algún lado a encontrarte; ya lo tienes en tu sueño, en tu imaginación. El ayer es tu recuerdo. El mañana es tu sueño. Pero lo único real es hoy.

> Y aquello que canta y medita en ustedes aún mora dentro de los límites de aquel primer momento que esparció las estrellas en el espacio.

Ésta es una afirmación cargada de fuerza. Él dice:

—En este mismo momento, lo que aún mora en ti no es nada diferente; no te has alejado del comienzo, del primer momento en que las estrellas se sembraron en el cielo. Ese primer momento habita todavía en ti: es tu recuerdo.

No dice nada del último momento, pero un simple corolario lógico... Si el primer momento aún habita en ti, cuando las estrellas se esparcieron en el cielo, el último momento, en que las estrellas esparcidas sean recogidas otra vez en una red y desaparezcan, también habitará en ti, en tus sueños.

Tú abarcas la eternidad entera en este mismo momento. Todo el pasado y todo el futuro están presentes dentro de este pequeño momento. No es pequeño; simplemente no te das cuenta de su inmensidad.

¿Quién, entre ustedes, no siente que su capacidad de amar es ilimitada?

Te está dando sólo un ejemplo. Cada uno de nosotros siente que su capacidad de amar es ilimitada. Pero tiene límites. ¿Cómo podría lo ilimitado habitar en ti, que tienes límites? Debiste de leer alguna vez el famoso relato de León Tolstói, *¿Cuánta tierra necesita un hombre?* ¿Qué tan grande será tu tumba?

Estás consciente de que en este modesto cuerpo hay cosas que no tienen límites. Él te da el ejemplo del amor porque es más conocido y comprensible. De la misma manera, el tiempo también habita en ti en su infinidad. De la misma manera, el espacio también habita en ti en su infinitud.

Sería mucho mejor, tal vez no lingüísticamente correcto... pero no me importa el lenguaje, me importa lo que es real... Decir: «El amor habita en mí» no es correcto. Es mejor decir: «Yo habito en el amor». Entonces tus límites no pueden ser los límites del amor. Tal vez hayas amado, pero habrás amado sin conciencia de amar. Si hubieras amado conscientemente, no habrías dicho: «El amor está en mi corazón». No, tu corazón está en el amor.

El amor te rodea, el amor infinito. Y tal vez sea ésa la razón por la cual ningún amante está satisfecho: porque su amor es infinito y necesita una respuesta que sea infinita. Todo amante busca a alguien que pueda amar sin límites; no habrá ninguna restricción en esto, pero tu idea misma de que el amor habita en ti lo convierte en algo pequeño.

Piensa que habitas en el amor como el pez habita en el océano y entonces podrás compartir tu amor sin ningún temor; entonces sabrás que es inagotable; entonces no necesitarás ser tan avaro.

Si entiendes el amor como un sentimiento oceánico en tu entorno, no habrá más celos. Los celos son el veneno que mata todo amor y toda su dicha. Pero los celos surgen a causa de un malentendido fundamental. Seguimos pensando en el amor como una cantidad y eso nos da miedo: si la persona que amas ama también a otra persona, inmediatamente tienes miedo. Te amaba dos kilos y ahora te ama sólo un kilo. Y mañana, si llega a conocer a otra persona, ¡te amará sólo medio kilo! Y de esta manera tu amor irá desapareciendo; pronto estarás sentado al pie de tu báscula y no habrá más kilos. Todo lo que tiene que ver con los celos se basa en el temor a que el amor sea divisible, a que sea una cantidad.

Es una *cualidad*. Puedes dar tanto como quieras, a cuantas persona quieras —al mundo entero— y tus recursos seguirán siendo inagotables. No hay lugar para los celos.

En mis sueños sobre el futuro de la humanidad, veo siempre que deberá llegar un día, algún día, en que no habrá celos, en que no habrá ira, en que no habrá discordia por pequeñeces... Puesto que tienes el tesoro del amor, ¿a quién le importan las pequeñeces?

El amor es en sí mismo una satisfacción tal que no necesitas ninguna otra satisfacción. Es el alimento de tu alma. Y el día en que sea posible amar sin celos habremos traído el reino de Dios a la Tierra.

En esto difiero de Jesús. Jesús quiere que entres al reino de Dios. Yo quiero que traigas el reino de Dios a la Tierra. Puesto que es una tarea innecesariamente ardua convencer a tanta gente —«Vengan, síganme y los llevaré al reino de Dios»—, ¿por qué no traer el reino de Dios hasta aquí?

No hay necesidad de ir a ningún lugar. Todo lo que se requiere es una comprensión y una conciencia profundas de la infinidad del amor.

> Y, sin embargo, quién no siente ese amor, aunque ilimitado, circunscrito dentro de su propio ser...

Al-Mustafá dice: por una parte, el amor es infinito. *Y, sin embargo, quién no siente ese amor, aunque ilimitado, circunscrito dentro de su propio ser...* Es que es ambas cosas: la circunferencia es más grande que el mismo cielo, y el centro está en lo más recóndito de tu ser.

> Y no desplazándose de un pensamiento amoroso a otro, ni de un acto de amor a otro.

El amor no es un flujo, no es un movimiento. No es que se desplace de un pensamiento de amor a otro pensamiento de amor, ni de un acto de amor a otro acto de amor. No, los actos, los pensamientos, los sentimientos se mueven todos en el océano del amor. Pero el amor mismo permanece como es: eterno, inmortal, definitivo.

> ¿Y no es el tiempo, exactamente como el amor, indivisible y sin medida?

Así lleva su conclusión a un hermoso final: *¿Y no es el tiempo, exactamente como el amor...?* No creo que el astrólogo lo hubiera comprendido, pues los astrólogos son una de las categorías de los idiotas. Hay muchas categorías, y los astrólogos son una categoría muy prominente. No saben lo que es el amor.

Toda la argumentación de Kahlil Gibran se basa en la sincronicidad entre el amor y el tiempo. Es difícil discutir el tiempo porque no corresponde a la experiencia de nadie.

En Inglaterra había un ateo importante, Edmund Burke. Sus amigos le dijeron:

—Eres un gran ateo. Ha venido uno de nuestros predicadores más importantes, hasta el arzobispo va a escuchar su sermón de hoy. Te invitamos a que vengas; te convencerás.

Burke fue a la iglesia con sus amigos. Escuchó el sermón y al final, durante la sesión de preguntas y respuestas, se levantó y preguntó:

—¿No nos has dicho que Dios es omnipotente, todopoderoso?

El obispo respondió:

—Desde luego, Dios es todopoderoso. Puede hacer todo lo que quiera. Creó el mundo, lo creó todo.

Edmund Burke levantó la mano, señaló su reloj y le dijo al sacerdote:

—Les doy a ti y a tu Dios cinco minutos: que pare mi reloj. Una cosa muy simple... no le estoy pidiendo que cree el mundo, sólo que pare mi reloj. Y le estoy dando suficiente tiempo, cinco minutos. En seis días creó todo el universo. Yo puedo parar mi reloj en un segundo.

La congregación se escandalizó, el arzobispo se escandalizó. El reloj seguía moviéndose. Los amigos de Edmund Burke estaban muy abatidos. Toda la congregación se sumió en el silencio. Edmund Burke se rio y salió de la iglesia. Sus amigos salieron tras él, corriendo.

Él les dijo:

—¿Comprenden? He probado que Dios no existe. Y aun si hay un Dios, no es ni siquiera lo suficientemente poderoso para parar mi reloj.

Este incidente ha sido citado una y otra vez en muchos libros sobre Edmund Burke, que era un gran pensador. Cada vez que me topo con este incidente, tengo que reírme. Y pienso que es desafortunado que Edmund Burke esté muerto; de no ser así, yo le hubiera dicho:

—Dios no se preocupó por tu reloj porque el tiempo siempre está inmóvil. No se mueve. ¿Qué hacer? Tu pregunta estaba errada. Es tu reloj el que se está moviendo.

Ése es nuestro método arbitrario de medir el tiempo, el inconmensurable. Pero Dios no conoce nuestras arbitrariedades; y no es relojero. Dios está consciente del tiempo y ha debido reírse. El tiempo siempre ha estado inmóvil. ¿Qué está preguntando este imbécil inglés? ¿Cómo se puede parar algo que ya está parado? Desde el comienzo mismo ha estado inmóvil. Nunca se ha movido.

Nuestra comprensión superficial es del movimiento, de un pensamiento al otro, de un acto al otro. Pero la existencia sabe, en sus raíces, que todo está absolutamente quieto. Nada se mueve.

Si puedes experimentar esa sensación de que nada se mueve, habrás llegado a la meta. Esa experiencia por sí sola te hará comprender todos los misterios de la existencia.

> ¿Y no es el tiempo, exactamente como el amor, indivisible y sin medida? Sin embargo, si en sus pensamientos deben medir el tiempo en estaciones, que cada estación envuelva a todas las otras estaciones.

Está diciendo: «Comprendo tus dificultades. Tal vez no logras ascender a tales alturas, o a tales profundidades, y tienes que medir el tiempo». Entonces recuerda una cosa: *Si deben medir el tiempo en estaciones, que cada estación envuelva a todas las otras estaciones.* Está diciendo: «Deja que tu nacimiento y tu muerte sean la misma cosa; no las separes. Después deja que el otoño y la primavera sean la misma cosa; no las separes».

En el momento en que naces has comenzado a morir. No es que después de setenta años, de repente vas a morir un día. Hasta ahora nadie ha muerto de repente. La muerte es un proceso, tal como la vida es un proceso. Y la vida y la muerte son casi como tus dos alas, juntas.

En el momento en que naces, has comenzado también a morir. En la medida en que crece la vida, también crece la muerte, simultáneamente, mano en mano. En el momento en que termina la vida, también termina la muerte. Llegan al mundo juntas, desaparecen del mundo juntas. No son dos cosas distintas.

Que cada estación envuelva a todas las otras estaciones. Y que su presente abrace el pasado con nostalgia y el futuro con anhelo.

Si tienes que separar —lo mejor es no separar, pero si tu mente no logra captar la indivisibilidad de la existencia y tienes que separar—, entonces recuerden por lo menos *que su presente abrace el pasado con nostalgia y el futuro con anhelo.*

En tu momento presente, permite que haya un encuentro de todo tu pasado y todo tu futuro. Este momento, que contiene todo el pasado y todo el futuro, es la única realidad que existe. El momento presente es el tiempo. Y siempre está presente.

Me encantó un pequeño incidente... A un ateo, gran experto en leyes, le gustaba andar siempre hablando de Dios. Dios es la idea más fácil de rebatir en el mundo. Dios es la hipótesis más indefensa. En discusiones con amigos o extraños, el hombre siempre quería traer a colación el tema de Dios.

Pero no siempre es fácil. Algunos están hablando del clima, otros están hablando de las verduras... ¿Cómo meter a Dios en la conversación? Entonces se ingenió un sistema: justo detrás de él, en la pared, escribió en grandes letras: *God is nowhere* [Dios no está en ningún lugar] para que cualquiera que entrara tuviera que leerlo.

Y todo el mundo se preguntaba con curiosidad: «Eso es extraño. ¿Por qué ha escrito esa frase ahí? ¿Acaso no cree en Dios?» Cada persona que entraba en su sala de estar tenía que discutir sobre Dios con él. Y él tenía los argumentos listos.

Un día, su pequeño hijo, que estaba aprendiendo a leer y podía pronunciar palabras cortas pero no palabras largas y complicadas, estaba sentado en el piso cuando llegaron dos o tres personas. Miraron hacia la pared, entonces el pequeño también miró hacia la pared por primera vez. Aunque vivía en la casa, nunca antes le había interesado. Pero porque estaba aprendiendo el lenguaje... Y cuando los niños están tratando de aprender algo nuevo, lo intentan una y otra vez hasta entenderlo. Entonces lo intentó: Leyó despacio: «Dios» —todos escucharon lo que decía— «está»... pero *nowhere* [en ningún lugar] era una palabra muy larga, así que la dividió en dos partes: *God is now here* [Dios está ahora aquí].

Hasta su padre estaba consternado. Miles de personas habían entrado en esa sala pero hasta entonces nadie había convertido *nowhere* [en ningún lugar] en *now here* [ahora aquí].

Un dicho sufí persa dice: «Cuando no logras entender, a veces Dios te habla por medio de los niños». No puedes discutir con un niño. No puedes decirle: «No es "ahora aquí", es "en ningún lugar"». El niño repitió, una y otra vez: «Dios está ahora aquí».

Esa noche el padre no pudo dormir. Una y otra vez oía la voz de su hijo. Era difícil discutir con él: «Dios no existe». Lo intentó, pero el niño respondió: «Si no existe, ¿entonces cómo puede estar ahora aquí?».

Por primera vez, el padre tuvo que revisar su propia filosofía atea: «Tal vez el niño tenga razón. Nunca he buscado dónde está Dios. Toda mi argumentación es intelectual; no tengo ninguna experiencia existencial. Nunca he meditado. Nunca he sabido lo que es estar "ahora aquí"».

Si puedes tener la experiencia del fenómeno de «ahora aquí», habrás conocido algo que algunas personas han llamado Dios, algunas han llamado verdad, algunas otras han llamado amor, y otras han llamado belleza. No importa cómo se le llame.

Pero la transformación de «en ningún lugar» en «ahora aquí» es inmensa e infranqueable... Una declaración negativa se convierte en otra absolutamente positiva.

Lo que descubrió Albert Einstein —que el tiempo es la cuarta dimensión del espacio— lo dijo ese niño sin saberlo: porque *now* [ahora] es tiempo y *here* [aquí] es espacio.

Cuando se juntan el «ahora» y el «aquí», la existencia entera está a tu disposición.

8

Las siete hermanas del placer

Entonces, un ermitaño, que visitaba la ciudad una vez por año, se acercó y dijo:

—Háblanos del placer.

Y él respondió:

—El placer es una canción de libertad, mas no es la libertad. Es el florecer de sus deseos, mas no es su fruto. Es un abismo llamando a una cumbre, mas no es ni el abismo ni la cumbre. Es el enjaulado que cobra alas, mas no es el espacio cercado. Sí, en verdad, el placer es una canción de libertad. Y de buena gana se las oiría cantar con todo el corazón; sin embargo, no me gustaría que perdieran su corazón al cantarla. Algunos de sus jóvenes buscan el placer como si lo fuera todo en la vida, y son condenados y castigados. Yo preferiría no condenarlos ni castigarlos, sino dejarlos que busquen. Pues encontrarán el placer, pero no solo. Siete son sus hermanas, y la más insignificante entre ellas es más bella que el placer. ¿No han oído hablar del hombre que cavaba la tierra en busca de raíces y descubrió un tesoro?

Kahlil Gibran ha formulado cada pregunta en su contexto exacto. No es una pregunta que salga de la nada, es una pregunta que representa a quien pregunta. Y ha hecho todos los esfuerzos por responderle a éste al contestar su pregunta. Son dos cosas diferentes.

El enfoque filosófico de la vida sólo responde la pregunta; no importa quién la formule, la pregunta en sí misma es lo importante para el filósofo. Pero para el místico, la pregunta es sólo el comienzo de una profunda exposición de quien pregunta; de ahí que la verdadera respuesta no esté dirigida a la pregunta sino a quien interroga. La pregunta tiene sus raíces en el corazón de quien la formula, y a menos que le contestes a él, no has contestado nada.

Kahlil Gibran tiene mucho cuidado, cuando responde la pregunta, de no olvidar al interrogador. La pregunta es superficial; el verdadero problema está en el fondo del corazón de quien preguntó.

> Entonces, un ermitaño, que visitaba la ciudad una vez por año, se acercó y dijo:
> —Háblanos del placer.

¿No parece muy extraño que un ermitaño pregunte sobre el placer? Parece que sí, pero en realidad el ermitaño ha renunciado al placer y le atormenta su propia renuncia. No puede descartar la posibilidad de que tal vez los que viven una vida de placer están en lo cierto y que renunciando a la vida y sus placeres ha cometido un error.

Lo que se siente no es solamente un pensamiento superficial; yace en lo más profundo de su ser; pues desde que renunció al placer ha perdido completamente el deleite de vivir y hasta la voluntad de respirar. Hasta despertarse en la mañana... ¿para qué? Desde que renunció ha sufrido una especie de muerte y ya no es un ser vivo. Aunque respira, come, anda y habla... te digo: su vida es sólo póstuma. Es como un fantasma que ha muerto hace mucho tiempo. En el momento en que renunció a la existencia también renunció a la vida; cometió suicidio espiritual.

Pero todas las religiones no han hecho más que enseñar el suicidio espiritual. Todas son contrarias a la vida y si eres contrario a la vida, desde luego tu única actitud es seguir reprimiendo tus deseos y anhelos naturales.

El ermitaño, alabado a lo largo de los años como un santo, como bendito, no es más que un alma reprimida que no se ha permitido vivir, que no se ha permitido bailar, amar. Es como un árbol que ha renunciado a su propio follaje, que ha renunciado a sus propias flores, a sus propios frutos. Seco y sin jugo, el árbol parece sólo un recuerdo borroso.

Todo esto ha ocurrido porque en el mundo existen intereses creados que quieren que estés vivo pero no que vivas; apenas que sobrevivas, pero no en tu plenitud, sólo en lo mínimo, no al máximo. Han convertido a cada ser humano en un río de verano. No te permiten anegarte en lluvia y tener la sensación de algo que se ensancha, que se expande, de abrigar el sueño de un día unirte al océano. Un río de verano se ha mermado, se ha vuelto pando, está domado.

El ermitaño ha muerto en el núcleo mismo de su ser. Su cuerpo sigue viviendo, pero no sabe lo que es la vida porque el placer es el único lenguaje que la vida entiende. Aunque el placer no es el fin, ciertamente es el inicio y no puedes llegar al término si no has vivido el comienzo. El ermitaño necesita toda tu compasión, no tu veneración. Tu veneración ha sido la causa del suicidio de mucha gente, pues has estado venerando a aquellos que renuncian al placer. Satisfaces su ego pero destruyes su alma. Eres cómplice de un grave crimen: ellos se suicidan, pero tú los asesinas con tu veneración.

La pregunta —que sale de la petición del ermitaño a Al-Mustafá: *Háblanos del placer*— es profundamente significativa. Se requiere coraje hasta para formular semejante pregunta, en lo que concierne a tus así llamados sabios y santos.

Debió de ser hace veinticinco años, cuando por casualidad hablé en una conferencia... Antes de mi intervención, un monje jaina, Chandan Muni, muy respetado por su comunidad, inauguró la conferencia. Habló de la gran dicha, de la gran alegría de renunciar a la vida, de renunciar al mundo y a los placeres profanos. Yo estaba sentado a su lado observándolo, pero no veía señales de que él hubiera vivido algo de lo que estaba hablando. Se le veía seco y muerto, sus declaraciones eran una repetición, como un loro, de las escrituras. No era poesía espontánea, fluida como un arroyo brotando de las montañas, joven y resplandeciente, cantando y bailando hacia el océano.

Cuando hablé, después de él, dije:

—El hombre que acaba de hablar no es más que un hipócrita —y él estaba sentado a mi lado—, no sabe nada del éxtasis, nada de la dicha, pues el hombre que ha renunciado al placer ha renunciado al primer paso que lo conduce al último paso de la dicha. Es imposible que alcances la dicha si te niegas al placer y a la vida.

Se sintió en la sala una gran consternación... pues la gente no dice lo que siente; la gente dice sólo lo que los demás quieren oír. Yo percibía las vibraciones de Chandan Muni, era una mañana hermosa, con una brisa fresca, pero él estaba transpirando. Pero era un hombre sincero. No se levantó a contradecirme; al contrario, esa tarde recibí a un mensajero suyo que me dijo:

—Chandan Muni quiere reunirse con usted, y siente mucho no poder venir pero su comité no se lo permite.

Yo dije:

—No hay problema. No estoy en la cárcel, no me han cortado las alas. No me importa ningún comité. Yo puedo ir.

Entonces él dijo:

—Primero permítame ir a hacer arreglos para que puedan reunirse en privado.

Y yo dije:

—¿Qué pasa? Deje que otras personas estén presentes.

Pero él me contestó:

—Usted no entiende. Desde esta mañana Chandan Muni ha estado llorando. Tiene setenta años y se hizo monje cuando tenía doce. Su padre se hizo monje, su madre había muerto, ¿a dónde podía ir el niño? Lo más conveniente era hacerse monje con su padre; así que se hizo monje. No supo nunca lo que es la vida, nunca ha jugado con niños, nunca ha visto nada que pueda llamarse placentero.

Entonces dije:

—Está bien. Vaya a hacer esos arreglos. Llegaré después.

Sin embargo, había mucha gente congregada. Habían sospechado desde la mañana que algo le había ocurrido a Chandan Muni, que no hablaba y tenía los ojos llenos de lágrimas. Tuvo que suplicarle a la gente: «Por favor, ¡déjennos solos a los dos!».

Cerró la puerta con seguro y me dijo:

—Fue difícil escuchar tus palabras; eran como flechas apuntándome directamente al corazón; pero lo que dijiste es cierto. No soy tan valiente como debiera, y es por eso que no quiero que nadie más oiga lo que digo: no he conocido la vida. No he conocido nada. He aprendido sólo a través de las escrituras, y son vacías. Y ahora a los setenta años, ¿qué me sugieres que haga?

Respondí:

—Creo que lo primero es abrir las puertas y dejar que la gente entre. ¿A qué le temes? No tienes nada que perder. No has vivido nunca, moriste a los doce años. Ahora, un hombre muerto no tiene nada que perder... pero déjalos escuchar. Te han venerado; y a causa de esa veneración tu ego se sintió satisfecho y lograste vivir esa vida atormentada, esa horrible pesadilla que las religiones llaman santidad y que no es más que una patología.

Vaciló, sin embargo, se armó de valor y abrió las puertas. Y cuando la gente lo oyó decir que no sabía nada, en lugar de alabar su honestidad y su sinceridad, comenzaron a condenarlo diciéndole:

—¡Nos has estado estafando!

Y lo sacaron de su templo. Parece que no hay morada para la verdad, pero para la hipocresía está disponible toda la veneración, toda la respetabilidad.

El ermitaño me recuerda a Chandan Muni. No sé qué pasó con él, pero sea lo que sea que le haya ocurrido, tuvo que haber sido mejor que lo que le había ocurrido antes. Por lo menos sacrificó su respetabilidad para ser sincero, para ser honesto, y ése es un gran paso.

El ermitaño pide: *Háblanos del placer*. La palabra «placer» no tiene ningún significado para el ermitaño: sólo ha oído condenas. Él mismo puede haberlo condenado, pero nunca lo ha saboreado.

Hay una bella historia que quisiera contarte: Un día en el paraíso, en uno de los restaurantes, estaban Gautama Buda, Confucio y Lao Tzu sentados charlando. Entró una bella mujer desnuda con una jarra grande y les preguntó a los tres:

—¿Les gustaría un poco de jugo de la vida?

Inmediatamente Buda cerró los ojos y dijo:

—Te debería dar vergüenza. Estás tratando de degradarnos. Con enorme esfuerzo y ardua austeridad hemos logrado llegar hasta aquí, y tú has traído el jugo de la vida. ¡Desaparece!

Y dijo todo aquello con los ojos cerrados. Pero Confucio tenía los ojos semiabiertos, semicerrados. En eso consiste toda su filosofía: el justo medio, ni un extremo ni el otro. Confucio dijo:

—Me gustaría probar un poquito, pues sin haber probado no puedo decir nada sobre el jugo.

Ella le sirvió en una copa un poco de jugo de la vida. Confucio lo probó, se lo devolvió y dijo:

—Es muy amargo.

Lao Tzu dijo:

—Dame toda la jarra.

Y la mujer le preguntó:

—¿Toda la jarra? ¿Vas a beber de la jarra?

Y él contestó:

—Ése es mi enfoque de la vida: si no la has bebido en su totalidad, no puedes decir nada sobre ella. Puede ser amarga al comienzo, puede ser dulce al final, ¿quién sabe?

Antes de que la mujer pudiera decir algo, Lao Tzu agarró la jarra y bebió, de un solo sorbo, todo el jugo de la vida. Dijo:

—Confucio, estás equivocado. Todo requiere entrenar un poco el gusto. Parecía amargo porque te era desconocido; te supo amargo porque tenías prejuicios negativos. Todo lo que dices sobre el justo medio es una filosofía vacía. Puedo decirte que mientras más bebía, más dulce me parecía. Al principio era sólo agradable; al final fue un arrebato.

Buda no soportaba este elogio a la vida. Simplemente se levantó y se fue. Lao Tzu dijo:

—¿Qué le ocurrió a aquel hombre? Ha estado sentado con los ojos cerrados. En primer lugar, no hay necesidad de cerrar los ojos, la mujer es tan bella. Si hay algo feo, puedes cerrar los ojos, es comprensible; pero cerrar los ojos frente a una mujer tan bella es demostrar falta de sensibilidad, es demostrar humillación, condena, es demostrar un temor profundamente arraigado. Tal vez el hombre esté muy reprimido y tema que su represión pueda salir a la superficie.

Confucio no estaba dispuesto a escuchar a Lao Tzu porque éste se estaba alejando del justo medio; por eso se fue. Y Lao Tzu comenzó a bailar. Supe que todavía está bailando...

La vida hay que vivirla antes de tomar decisiones en cuanto a ella, a favor o en contra. Aquellos que la han vivido en toda su intensidad y plenitud nunca han estado en contra. Aquellos que están en contra son personas que nunca la han vivido en su intensidad, que nunca se han entregado a ella en su totalidad; han permanecido distanciados y cerrados.

Al-Mustafá respondió:

—El placer es una canción de libertad...

Las afirmaciones que hará a continuación son muy significativas:

El placer es una canción de libertad, mas no es la libertad.

El placer es sólo una canción, un producto secundario; cuando conozcas la libertad, la canción surgirá en ti. Pero no son sinónimos. La canción puede callar... depende.

Sientes placer sólo cuando estás viviendo un momento libre de inquietudes, libre de preocupaciones, libre de celos, libre de todo. En ese momento de libertad absoluta surge en ti una canción y esa canción es el placer. La libertad es la madre, la canción es sólo uno de los hijos; pero hay muchos otros hijos de esa madre. Entonces no son sinónimos. La libertad trae muchas flores, es sólo una de esas flores. Y la libertad trae muchos tesoros, es sólo uno de esos tesoros.

Es el florecer de sus deseos, mas no es su fruto.

Las flores son bellas. Puedes disfrutarlas, apreciarlas, pero no te nutren; no pueden convertirse en tu alimento. Puedes usarlas para decorar, pero no pueden convertirse en tu sangre, en tus huesos y en tu médula. Es eso lo que él quiere decir: *Es el florecer de sus deseos, mas no es su fruto.*

No te detengas en el placer. Adelante te espera mucho más. Disfruta las flores, recoge las flores, haz una guirnalda con las flores, pero recuerda: también hay frutos. Y el fruto de tu madurez no es el placer; el fruto es la dicha.

El placer es sólo un comienzo, el árbol está listo. Las flores son una canción que anuncia que el árbol está fecundo y los frutos llegarán muy pronto.

No te pierdas en los placeres, pero tampoco les huyas. Disfrútalos pero recuerda: la vida es mucho más que placeres.

La vida no termina con el placer, sólo comienza con él; el fruto es la dicha. Pero el placer te da una muestra de lo que está por venir. Te brinda un sueño, un anhelo de tener más; es una promesa. «Espera, los frutos llegarán. No cierres los ojos ante las flores, de lo contrario nunca encontrarás los frutos».

Eso es lo que te he estado diciendo una y otra vez, de diferentes maneras. Mis palabras pueden ser diferentes, pero mi canción es la misma. Tal vez entro al templo por otra puerta, pero es el mismo templo.

Zorba es tan sólo una flor, Buda es el fruto. Si no tienes ambos, no estás completo, falta algo; siempre habrá un vacío en tu corazón, un rincón oscuro. A no ser que Buda y Zorba bailen juntos en tu ser —la flor y el fruto, el comienzo y el final—, no conocerás el verdadero sentido de la existencia.

El sentido de la existencia no debe buscarse con el intelecto; debe experimentarse en la vida.

Es un abismo llamando a una cumbre...

El placer es un abismo llamando a una cumbre. Recuerda siempre que todo abismo está cerca de una cumbre; sólo las cumbres iluminadas por el sol tienen profundos valles a su lado. El placer está en los valles, pero si has conocido el placer, éste suscitará en ti el anhelo de esa lejana cumbre iluminada por el sol. Si la oscuridad es tan hermosa, si el valle es tan gratificante, ¿cómo contener la tentación de alcanzar las alturas? Si las profundidades ofrecen tanto, hay que explorar las alturas.

El placer es una gran tentación de alcanzar las alturas. No impide el crecimiento espiritual; es un amigo, no un adversario. Y aquellos que han negado el placer, han negado también las alturas, pues las alturas y los valles existen juntos. Los valles tienen su propia belleza, no hay nada pecaminoso en ellos, no hay nada malvado en ellos, pero no te pierdas. Disfruta, pero mantente alerta, pues hay mucho más. Y no debes contentarte con la oscuridad del valle. El placer genera en ti una necesidad espiritual: si la oscuridad puede dar tanto, puede proporcionar tanto, ¿cuánto más las alturas?

> Es un abismo llamando a una cumbre, mas no es ni el abismo ni la cumbre.

El placer en sí mismo es más como el terreno plano. De un lado está la cima de la montaña; por la altura de la montaña, parece un abismo. Pero en realidad es terreno plano.

Hay profundidades y hay alturas. Si caes en las profundidades, caerás en una dolorosa existencia, en la angustia, bajo el placer hay dolor. Por encima del placer hay dicha, éxtasis.

Es desafortunado que millones de personas muy buenas hayan renunciado al placer y hayan caído en el vacío oscuro y sin fondo del dolor, de la miseria, de la austeridad; pero siguen consolándose a sí mismos porque sus escrituras les dicen que cuanto más sufran, más obtendrán después de la vida. Nadie les dice: «No hay necesidad de esperar el paraíso después de la vida. No te opongas al placer, pero persigue el placer hasta su totalidad y éste comenzará a guiarte, poco a poco, hacia las alturas».

Aquí puedes estar en el infierno, o puedes estar en el cielo; todo depende de ti, de cómo te mueves. No te muevas de espaldas al placer; deja que el placer sea tu flecha desplazándose hacia las estrellas.

> Es el enjaulado que cobra alas...

En el placer, al pájaro enjaulado le crecen alas, sin embargo, sigue en una jaula; ahora tiene alas, pero no tiene el cielo a su alcance. Puede decirse que «el placer es la dicha enjaulada».

La dicha es el placer en vuelo, elevándose hacia el cielo. Cuando el placer se libera de todas las prisiones, pasa por una transmutación, una transformación. Tiene la semilla adentro, pero alguien tiene que recordárselo: «Contienes un enorme potencial». Tiene alas pero no está consciente de ellas.

Tener un maestro no es aprender algo. Tener un maestro es dejarse contagiar por algo. Al ver al maestro en vuelo, en el aire, de repente tomas conciencia: «Yo tengo las mismas alas». El maestro se convierte en un recuerdo. No es una enseñanza lo que comunica un maestro, es un recuerdo lo que invoca.

Es el enjaulado que cobra alas, mas no es el espacio cercado.

Así que aquellos que conocen el placer se han familiarizado con sus alas; ahora tienen que encontrar la salida de la jaula. Y la jaula es tuya, es hecha en casa. Son tus celos, que no dejas de alimentar; es tu competitividad, a la cual le sigues dando tu energía; es tu propio ego, que no sueltas y sigues cargando, por más pesada que sea la carga. La jaula no es ajena; de ahí que sea muy fácil abandonarla.

Le ocurrió a uno de los místicos sufís, Al-Hillaj Mansoor... Amo mucho a ese hombre. Ha habido muchos místicos, y habrá muchos místicos, pero no creo que ninguno tendrá el mismo sabor que Al-Hillaj Mansoor. Era único en muchos sentidos. Por ejemplo, alguien le preguntó:

—¿Cómo ser libre? Todos ustedes hablan constantemente de la libertad, pero ¿cómo ser libre?

Y él dijo:

—Mira, es muy sencillo.

Estaban sentados en una mezquita con columnas como éstas. Al-Hillaj se acercó a una columna, la agarró con ambas manos y comenzó a gritar: «¡Socorro! ¿Cómo puedo librarme de esta columna?».

El hombre le dijo:

—No seas loco. Tú mismo te estás aferrando a la columna. Nadie está haciendo nada, ni la columna está haciendo nada. ¿Qué tonterías estás haciendo?

Al-Hillaj contestó:

—Sólo te estoy respondiendo. Me preguntaste cómo ser libre. ¿Le has preguntado a alguien sobre el arte de no ser libre? Eso lo conoces muy bien. Andas creando nuevas cadenas, nuevas esclavitudes... lo haces tú mismo. ¡Deja de hacerlo! Y qué bien que sea obra tuya, pues puedes deshacerla sin el permiso de nadie.

Pero Al-Hillaj seguía agarrado a la columna. El hombre le dijo:

—Por lo menos ahora he entendido el asunto, pero por favor suelta esa columna porque hay una multitud congregándose. Todo el mundo sabe que estás loco, pero ¡me siento avergonzado de estar contigo!

Al-Hillaj dijo:

—Sólo si has entendido de veras soltaré esta columna. De lo contrario, moriré con esta columna.

Y el hombre dijo:

—Por Dios, hacerte una pregunta es crear problemas.

La multitud comenzó a insultar al hombre. Le decían:

—¿Por qué molestas a Al-Hillaj? ¿Qué clase de pregunta le hiciste?

El hombre dijo:

—Es curioso. Yo le hice una pregunta simple: ¿cómo se es libre? En lugar de responderme, se agarró a la columna y empezó a gritar que le ayuden. Es por eso que todos ustedes se han congregado aquí.

Y Al-Hillaj seguía gritando: «¡Socorro! ¿Cómo puedo ser libre?».

Finalmente el hombre dijo:

—Perdóname, lo voy a intentar. Pero trata de no burlarte demasiado de mí. ¡Deja esa columna!

Al-Hillaj dijo:

—¿Qué crees? ¿Estoy sosteniendo la columna, o la columna me está sosteniendo a mí?

El hombre dijo:

—Mansoor, aunque te has convertido en un gran místico, éramos amigos cuando niños. Estudiamos en la misma escuela. Recuérdale nuestra amistad a esta multitud. Todo el pueblo está aquí y todos están enojados conmigo. No es la manera de responder una pregunta. Yo estaba haciéndote una pregunta filosófica.

Mansoor dijo:

—¿Pregunta filosófica? Entonces no debes dirigirte a alguien como yo. La filosofía es sólo para los tontos. Sólo aquellos que realmente están buscando la verdad, sólo ellos deben entrar a mi casa. Ésta es la casa de Dios. Y yo te he respondido: «Si quieres ser libre, puedes ser libre en este mismo momento, pues estás cargando tus propias cadenas como si no fueran cadenas sino ornamentos. ¡Suéltalas! Aunque sean de oro, no te permiten ser libre, y no les permiten a tus alas desplegarse en el aire».

> Sí, en verdad, el placer es una canción de libertad. Y de buena gana se las oiría cantar con todo el corazón...

El ser humano se ha olvidado completamente de una cosa: de la plenitud. Ama, pero no con la plenitud del corazón. Solloza, pero sus lágrimas son superficiales, tal vez sólo un formalismo. Sonríe porque se espera de él que sonría.

Las personas se ríen por cortesía, por respeto, pero esa clase de risa no puede ser sincera. Ninguna de tus acciones es completa. Ésa es tu desdicha, ése es tu infierno.

Un rey fue a ver a un maestro zen. El maestro zen tenía un bello jardín y, justo enfrente del portón, un anciano estaba cortando madera. El rey se dirigió a él:

—¿Puedo preguntarte quién eres?

El hombre dijo:

—¿Que quién soy? Usted lo ve, soy leñador.

El rey dijo:

—Eso es cierto, lo veo. Pero yo he venido a ver a tu amo.

Y el hombre dijo:

—¿Mi amo? Yo no tengo amo.

El rey pensó: «Este hombre parece estar loco». Pero sólo para completar la conversación, preguntó:

—¿Es éste un monasterio zen?

El hombre respondió:

—Tal vez.

El rey se adelantó. Cuando llegó a la casa, en lo más profundo del bosque, entró y vio al mismo leñador, vestido con el hábito de un monje zen, sentado en posición zen, luciendo muy hermoso y lleno de gracia. El rey le miró el rostro. Le dijo:

—¿Qué ocurre?, ¿tienes un hermano gemelo?

Le respondió:

—Quizás.

El rey preguntó:

—¿Quién está cortando madera frente al portón?

El hombre le respondió:

—Quien sea que esté cortando madera es un leñador. ¿Para qué hablar de un leñador? Yo soy un maestro.

El rey estaba muy perplejo, pero el maestro le dijo:

—No te sientas perplejo. Cuando estoy cortando madera, soy leñador. No me ocupo de nada más. Y cuando soy maestro, soy maestro. No has conocido a dos personas, has conocido a una persona siempre íntegra. La próxima vez me puedes encontrar pescando en un arroyo, y conocerás a un pescador. Haga lo que haga, yo soy mi acto, en mi totalidad.

De momento a momento, vivir la vida a plenitud es toda mi enseñanza. Los que han conocido la vida y sus misterios concuerdan en un punto: que debes entregarte de todo corazón, hagas lo que hagas.

Kahlil Gibran te dice: *Y de buena gana se las oiría cantar con todo el corazón...* Cuando la canción de libertad brote en ti, permite que todo tu corazón cante y baile.

> ...Sin embargo, no me gustaría que perdieran su corazón al cantarla.

Ésta es una afirmación muy extraña pero muy significativa. Parece ser contradictoria. Él dice:

—Canta la canción con todo tu corazón, y sin embargo permanece alerta. No te pierdas, no dejes de ser testigo.

Cuando tu actuar es total y el testigo lo está observando silenciosamente, no sólo encontrarás la canción del placer sino que encontrarás también algo más grandioso, lo que hemos estado llamando dicha. La dicha llega con el ser testigo.

El placer necesita totalidad, pero no te pierdas en él, de lo contrario te habrás detenido en el placer y no ascenderás más alto.

> Algunos de sus jóvenes buscan el placer como si lo fuera todo en la vida, y son condenados y castigados.

Desde luego, por los viejos. Los ágiles y los fuertes y los osados siempre son condenados por los lisiados, criticados de muchas maneras. Es una coartada. La persona lisiada no logra aceptar que es lisiada y no puede aceptar a ninguno que no sea lisiado. Para encubrir su inferioridad comienza a condenar, a criticar.

La gente vieja está continuamente condenando a los jóvenes buscadores de placer, tildándolos de pecadores, aunque en su fuero interno a ellos les gustaría seguir siendo jóvenes.

Algunos de sus jóvenes buscan el placer como si lo fuera todo...
Es equivocado pensar que el placer lo es todo, pero también es equivocado juzgarlos y condenarlos. El que los condena en la profundidad de su ser está anhelando lo mismo, pero se encuentra más débil, más viejo e inepto.

El hombre más sabio dice:

—Persigue el placer, no hay mal en ello. Pero recuerda que no es todo, pues he conocido cosas superiores, cosas mejores. Pero no impediré tu búsqueda; ¡busca con todo tu corazón! En la plenitud misma de tu corazón, y en la búsqueda misma de la experiencia del placer, tal vez comenzarás a buscar algo superior, algo mejor, algo más vivo, más bello, más inmortal.

El hombre sabio nunca condena —ése es el criterio del hombre sabio—, y aquellos que condenan son simplemente insensatos, no sabios.

> Yo preferiría no condenarlos ni castigarlos, sino dejarlos que busquen.

Kahlil Gibran posee un inmenso tesoro de sabiduría.

> Yo preferiría no condenarlos ni castigarlos, sino dejarlos que busquen.
> Pues encontrarán el placer, pero no solo. Siete son sus hermanas, y la más insignificante entre ellas es más bella que el placer.

Aquí Gibran se refiere a la tradición oriental del Tantra, que habla de siete *chakras*, siete centros de crecimiento. Esto hay que comprenderlo muy bien. Tal vez las personas que han estado leyendo a Khalil Gibran puedan no haberse preocupado por saber quiénes son las siete hermanas, y aun si hubieran pensado en ellas, no creo que... A menos que sepan algo sobre Tantra y los descubrimientos orientales sobre la escala del crecimiento interior, no podrán comprender.

En la universidad donde yo enseñaba, había muchos profesores a quienes les encantaba Kahlil Gibran, y yo les pregunté a muchos de ellos:

—¿Puede decirme algo sobre las siete hermanas?

Y me respondieron:

—¿Las siete hermanas? No sé nada de ellas.

Y yo dije:

—¿Qué están leyendo ustedes?

Kahlil Gibran dice: *Y la más insignificante entre ellas es más bella que el placer.*

Me decían:

—Usted lee las cosas de una manera extraña. Hemos leído esa frase y la inquietud nunca surgió. Ahora que pregunta, a nosotros también nos intriga quiénes son las siete hermanas.

Las personas en Occidente seguramente no saben. Pero si hasta en el Oriente no saben quiénes son las siete hermanas, ¿qué se podrá decir del Occidente?

Tantra habla de siete centros, y el placer no es ni siquiera el primer centro. El placer está por debajo del primer centro. El placer es un fenómeno biológico; es tu sexualidad. Utiliza tu energía, pero es un esclavo de la biología. La biología quiere que procrees hijos, pues la biología sabe que no eres confiable. Puedes caer muerto en cualquier momento...

La biología tiene sus propios medios para mantener el flujo de la vida. Si no hubiera placer en las experiencias sexuales, no creo que ningún hombre o mujer se reproduciría; y entonces todo parecería muy tonto, una gimnasia muy extraña. Todas las mujeres están conscientes de ello, sólo los hombres no lo están. Mientras hacen el amor, las mujeres quieren apagar la luz y los hombres mantenerla encendida. Es muy raro encontrar a una mujer que mantenga los ojos abiertos mientras hace el amor; la mujer cierra los ojos: dejemos que este idiota haga lo que le plazca. Si no hubiera placer... Es un truco, una estratagema de la biología, como darle un chocolate a un niño: un poquito de placer para que puedas soportar la gimnasia. Y poco a poco te vas acostumbrando al chocolate...

Por encima del centro del placer está el primer *chakra*, que a veces —muy pocas veces— se experimenta por accidente. La gente no conoce la ciencia de Tantra; de lo contrario, todo el mundo entendería el primer centro muy fácilmente. Un placer menor al hacer el amor no conduce al primer centro, pero si las relaciones sexuales te llevan a una explosión orgásmica...

Pero ¡las personas son muy rápidas al hacer el amor! Esa rapidez es un producto secundario de su formación religiosa que condena el sexo. No han logrado destruir el sexo, pero sí han logrado acelerarlo. No han podido destruirlo completamente, pero lo han envenenado. De tal manera que hasta cuando los enamorados hacen el amor se sienten avergonzados, como si estuvieran haciendo algo repugnante, entonces, ¡mientras más rápido se acabe, mejor!

Para efectos de la biología, eso está muy bien. A la biología no le importa tu experiencia orgásmica. Pero si logras prolongar el proceso de hacer el amor, si logras convertirlo en una meditación, silenciosa, bella, si lo conviertes en algo sagrado... Antes de hacer el amor toma un baño, y cuando entres a tu dormitorio hazlo con el mismo sentimiento como cuando entras al templo.

Es un templo del amor, pero en el templo del amor la gente pelea, se disputa, se regaña, se arroja las almohadas, vocifera, grita; así se daña todo el ambiente.

Deben quemar incienso, escuchar bella música, bailar. No deben estar de prisa al hacer el amor, que debe ser el punto culminante de toda su experiencia. Deben meditar juntos, deben guardar silencio juntos, deben bailar juntos. En este baile, en esta convivencia, en este canto, con el incienso, deben crear un templo en el dormitorio, y sólo entonces...

No debes esforzarte por hacer el amor; debes dejar que ocurra espontáneamente, por tu propia voluntad. Si no ocurre, no hay razón para preocuparse, habrán disfrutado la meditación, disfrutado el baile, disfrutado la música. Ha sido una bella experiencia, déjenla así.

Su amor no debe ser una acción, debe ser un fenómeno espontáneo que los sorprenda. Sólo en la espontaneidad puede convertirse el amor en una experiencia orgásmica. En el momento en que el amor se vuelve orgásmico, habrás alcanzado el primer *chakra*, habrás conocido a la primera hermana, que es mucho más bella que el placer.

Los tres primeros *chakras* son egocéntricos; el primero es placer orgásmico inconsciente; el segundo, medio consciente, medio dormido y el tercero, placer totalmente consciente. En el tercero, tu amor y tu meditación se encuentran los tres que siguen... El cuarto es el centro del corazón. Sólo en el cuarto está el comienzo de un mundo nuevo, el mundo del amor. Debajo del cuarto está el refinamiento de la energía sexual, su perfeccionamiento. En el cuarto, trasciendes el sexo completamente. Has entrado en una nueva clase de energía, cualitativamente diferente del sexo. Es la misma energía, pero tan perfecta, que el perfeccionamiento mismo la convierte en un fenómeno completamente nuevo.

En el cuarto centro, cuando te introduces en el amor, puedes sentirlo pero no expresarlo. Es tan nuevo... no tienes palabras para ello. Es tan desconocido y tan repentino que el tiempo se detiene, que la mente se detiene. De repente estás en medio de un silencio que nunca antes habías soñado.

Con el quinto centro, surge la expresión: el amor se convierte en creatividad. Puede expresarse de diferentes maneras en diferentes personas, puede convertirse en música, puede convertirse en escultura, puede convertirse en danza, las posibilidades son infinitas. Pero hay algo seguro: cuando estás en el quinto centro, el amor se vuelve creativo.

Debajo del primer centro el amor era solamente productivo, productivo de hijos. En el quinto centro te vuelves creativo; se crean nuevas especies de hijos. Para el poeta, su poesía es su hija; para el músico, su música es su hija. En el quinto centro todo el mundo se convierte en madre, en vientre.

Estos dos centros, el cuarto y el quinto, están concentrados en el otro. Los tres primeros se concentraban en ti mismo; por eso el sexo nunca es gratificante y siempre genera confrontación, pelea. Crea enemigos íntimos, no amigos, pues ambos en la pareja son egocéntricos. Cada uno quiere obtener del otro más y más placer. Ambos tienen carencias; ninguno está dispuesto a dar.

El cuarto y el quinto cambian la dirección: se transforma de tomar en dar. Por ello, el amor deja de ser una pelea; no hay celos, no hay confrontación. Te brinda libertad. Es creativo, crea algo hermoso para el otro, para el ser amado. Puede ser la pintura, puede ser música, puede ser un bello jardín, pero el centro es el ser amado. No es por el placer propio, sino por la felicidad y el placer del otro. Si el otro es feliz, uno es feliz.

Con el sexto centro, tu energía ingresa a un nuevo estado. En Tantra se le llama «la apertura del tercer ojo». Es sólo un símbolo. Significa que ahora has logrado claridad de visión, puedes ver sin ningún obstáculo. Ya no hay velos en tus ojos, nada opaca tu visión. Puedes ver sin proyecciones, ves las cosas como son, con su verdad, con su belleza; no estás proyectando nada. Antes de lograr este centro, todo el mundo proyecta.

Desde luego, siempre habrá gente que no pueda disfrutar la música clásica porque no se le ha enseñado a proyectar... Sólo pueden disfrutar la música moderna, contemporánea, occidental, que para la persona verdaderamente musical no es nada más que un ruido demente, una especie de neurosis. Las personas saltan y gritan, de los Beatles a Talking Heads, es demencia, no es música. Pero para disfrutar de la música clásica se necesita una cierta disciplina.

Si quieres disfrutar la música del viento soplando entre los pinos, necesitas claridad, silencio; no estás esperando nada, no estás proyectando nada.

Con la apertura del tercer ojo, ya no estás separado del otro. En los tres primeros centros eres egocéntrico, en los otros dos centros te orientas hacia el otro. En el sexto te unes con el otro, ya no hay separación. Los amantes comienzan a sentir una especie de sincronicidad. Sus corazones laten al mismo ritmo; comienzan a comprenderse sin pronunciar una sola palabra.

El séptimo es el punto más elevado que el ser humano puede lograr en su cuerpo, se llama *sahasrar*, el séptimo centro en tu ser, te vuelves uno con el universo entero. Primero te vuelves uno con tu amado en el sexto centro; en el séptimo te vuelves uno con la esencia, con la totalidad. Éstas son las siete hermanas que menciona Kahlil Gibran, y ése es el espectro completo del crecimiento espiritual.

¿No han oído hablar del hombre que cavaba la tierra en busca de raíces y descubrió un tesoro?

Es un antiguo proverbio en el Líbano. Un hombre estaba cavando en busca de raíces; tenía hambre y no podía permitirse ni siquiera comprar fruta, entonces buscaba raíces para comer. Pero encontró un tesoro. Refiriéndose a esto, él dice:

—Comenzamos cavando en busca de raíces, el placer; pero si sigues cavando puedes encontrar tesoros y más tesoros.

Es un hecho establecido por todos los místicos del Oriente que con el séptimo centro te liberas de todas las prisiones, de todos los pensamientos, de todas las religiones, de todas las ideologías; con el séptimo, tu jaula desaparece.

Ahora puedes respirar el aire libre y remontarte hacia las estrellas.

Y algunos de los ancianos recuerdan sus placeres con remordimiento, como si fueran errores cometidos en estado de embriaguez.
Pero el remordimiento es el anublamiento del alma, y no su castigo.
Deberían, antes, recordar sus placeres con gratitud, como recorda-
rían una cosecha de verano. No obstante, si hallan consuelo en el
remordimiento, dejémosles que se remuerdan. Y hay entre ustedes
quienes no son ni jóvenes para explorar ni ancianos para recordar.

Y en su temor a explorar y a recordar, rehúyen todos los placeres por miedo a ahuyentar u ofender al espíritu. Sin embargo, en la
renuncia está su placer. Y así, ellos también descubren un tesoro
aunque cavan con manos trémulas en busca de raíces. Pero, díganme,
¿quién es aquel que puede ofender al espíritu?, ¿ofende el ruiseñor a la quietud de la noche, o la libélula a las estrellas?, ¿y podrá
su llama o su humo agobiar al viento?, ¿creen que el espíritu es un
pozo tranquilo que pueden perturbar con un bastón? Muchas
veces, al negarse un placer, no hacen más que reprimir su deseo en
los repliegues de su ser. ¿Y quién sabe si lo que hoy parece reprimido no aparecerá mañana? Hasta su cuerpo conoce su herencia
y sus derechos, y nada podrán hacer por engañarlo. Y su cuerpo es
el arpa de su alma. Y de ustedes depende si arrancan de él música
melodiosa o ruidos disonantes. Y ahora os preguntan en su corazón: ¿cómo distinguiremos lo que es bueno en el placer de lo que
es malo? Vayan, pues, a sus campos y a sus jardines y, ahí, aprenderán que el placer de la abeja es chupar la miel de la flor. Y que
también es placer de la flor entregar su miel a la abeja. Pues, para
la abeja, una flor es una fuente de vida. Y para la flor, una abeja es
una mensajera de amor. Y para ambas, la abeja y la flor, dar y recibir placer es una necesidad y un éxtasis. Pueblo de Orphalese, sean
en sus placeres, como las flores y las abejas.

**El ser humano es una criatura muy extraña. No debería serlo, pero
ha sido forzado de muchas maneras a dejar su naturalidad, y ésa es**

la causa de su extrañeza. Se ha convertido en extraño no sólo para los demás; se ha vuelto extraño para sí mismo, pues todo lo que sea contrario a la naturaleza es contrario a él mismo.

No eres otra cosa que una canción de la naturaleza, igual que los pájaros cantan y los árboles se yerguen en silencio. Con la excepción del ser humano, en toda la existencia todo es llano, hermoso, sin discriminación entre lo superior y lo inferior, ningún árbol es santo ni pecador. Pero el ser humano ha incurrido en tantas divisiones que su vida se ha convertido no en una alegría sino en un peso que tiene que soportar, de alguna manera, de la cuna a la tumba.

Es una lógica muy sutil: primero, los sacerdotes de todas las religiones te envenenaron contra ti mismo y te forzaron a ser contrario a la vida. Y entonces, cuando te sentías infeliz, llegaban ellos por la puerta de atrás a consolarte. Y después se convirtieron en mediadores entre Dios y tú.

He oído hablar de dos hermanos que eran socios en los negocios —ése es el negocio del sacerdote—. Uno de ellos iba a la ciudad por la noche, en la oscuridad, cuando todos dormían, y cubría las ventanas, las puertas y las paredes de las casas con alquitrán de carbón. En la mañana, cuando la gente lo veía, no podía creerlo: toda la ciudad se había vuelto fea.

De repente, mientras se preguntaban quién podría haberlo hecho, oían al otro hermano decir que si alguien deseaba limpiar sus ventanas o sus puertas, él tenía la experiencia necesaria para hacerlo. Entonces limpiaba y ganaba dinero. Mientras limpiaba y ganaba dinero, el otro hermano se había desplazado a otra ciudad. Y de esta manera estaban haciendo un buen negocio. Pero eso no es un negocio. Es una conspiración.

Eso es lo que los sacerdotes le han hecho al ser humano. Primero te enferman y después acuden a salvarte. Primero te aplastan y te convierten en una criatura subhumana —degradada, indigna, rechazada, condenada— y después llegan a decirte: «No te preocupes. Si nos sigues, toda tu desdicha desaparecerá; si nos escuchas, dispondremos que Dios te acepte en el paraíso y tendrás grandes recompensas».

Esta conspiración ha venido desarrollándose desde siempre. Se ha convertido en un gran negocio; casi todo el mundo es cliente, usuario de algún tipo de sacerdote, ya sea hindú, cristiano, budista, jaina, mohametano. Pero el negocio básico es el mismo. Y la rivalidad entre las religiones se puede entender como una simple competencia entre todos los tenderos que venden la misma mercancía.

Cada religión trata de probar que su producto es mejor que el de todas las demás. Jesús dice: «Los que me siguen entrarán al reino de Dios y los que no me siguen caerán al fuego eterno». Pero lo mismo puede decirse de todas las religiones. De manera diferente, en idiomas diferentes, el mensaje es el mismo: sólo *nosotros* podemos salvarte.

Me parece un fenómeno muy extraño, que millones de personas no han considerado: ¿Quién te ha hecho sentir tan culpable que necesitas que te salven de tu culpa? ¿Quién te ha hecho sentir tan contrito que alguien tiene que enseñarte a dejar de serlo? ¿Quién te ha paralizado? El mismo que te ha paralizado llega a enseñarte a caminar, a correr. Son los mismos.

Han estado peleándose entre ellos no por asuntos fundamentales de la vida sino sólo por el número de clientes. Cada religión quiere que toda la humanidad pertenezca a ella. Es un gran negocio. Los sacerdotes toman al niño desde que está en la cuna, no pierden un solo momento. Y siguen explotándolo hasta después de muerto. Después, en nombre suyo, explotan a sus parientes; todos los ritos que se tienen que celebrar después de la muerte...

El hinduismo es tal vez la más ingeniosa de todas las religiones. Obviamente, es la religión más antigua del mundo. No sólo sigue explotando a la persona después de su muerte, sino que sigue explotándola en razón de toda la otra gente que ha muerto: su padre, sus ancestros. Cada año hay que celebrar un ritual en su nombre y, desde luego, al sacerdote hay que pagarle.

El sacerdote ha inventado unas estrategias muy especiales. Una de ellas es el arrepentimiento; y las afirmaciones de Kahlil Gibran se refieren a esta deplorable idea del arrepentimiento.

> Y algunos ancianos recuerdan sus placeres con remordimiento, como si fueran errores cometidos en estado de embriaguez.

Los ancianos, cuando eran jóvenes, tenían el coraje suficiente para luchar contra todas las fuerzas contrarias a la vida. En la medida de lo posible vivían la vida conforme a la naturaleza, disfrutaban, reían, amaban, bailaban. Pero en la ancianidad, la muerte comienza a ser el problema más importante.

En ese momento comienzan a temerles a todos esos días de placer, al recordar lo que los sacerdotes les han estado diciendo: «No cometas esos pecados, pues de lo contrario sufrirás». Ahora la muerte puede ocurrir en cualquier momento y no han acumulado virtudes suficientes para una recompensa; no tienen en las manos más que los recuerdos de los así llamados pecados que cometieron. Se arrepienten, están llenos de remordimiento y se confiesan ante el sacerdote: «Implórale a Dios que nos perdone. No éramos conscientes. Nos arrepentimos de no haberte obedecido».

Cada religión ha creado su propia estrategia. Hace un tiempo, el Papa declaró: «No es posible confesarse directamente ante Dios. Es uno de los pecados más graves. Hay que confesarse ante el sacerdote. Él es el mediador, y él le transmite el mensaje a Dios».

Se puede apreciar la astucia. ¿Cómo puede el ser humano no estar directamente conectado con la fuente de la vida? Ya está conectado; de lo contrario, ¿cómo podría estar vivo? ¿Quién respira vida en ti si no es Dios? Cuando digo «Dios», quiero decir la totalidad de la vida. ¿Quién late en tu corazón? ¿Quién canta en ti? ¿Quién ama en ti? ¿Quién danza en ti? Estás continuamente conectado con la fuente de la vida. Estás inmerso en ella. No se necesita un mediador.

Pero el Papa entiende que si la gente comienza a confesarse directamente ante Dios, millones de sacerdotes católicos se quedarían cesantes. Y no sólo se quedarían cesantes sino que, si la gente no se confiesa ante ellos, perderán su poder sobre la gente.

Lo que da el mayor poder en el mundo es mostrarte ante alguien. En particular, lo que crees que es malo, que es un pecado, eso lo quieres esconder. Una vez que te has confesado ante un sacerdote, ya no puedes dejar el redil. Siempre tendrás miedo, pues el sacerdote puede exponerte ante el público. Es una esclavitud psicológica muy profunda. Y paga también, pues el sacerdote te impone una penitencia. Te pedirá que hagas una donación de doscientos pesos, doscientos cincuenta pesos, trescientos pesos, según la gravedad de tu pecado.

Primero, las religiones hacen que la gente se sienta culpable de todos los placeres. Cuando eres joven tal vez no prestas atención. Tal vez la energía vital sea tan fuerte que aunque todos los predicadores griten desde los techos, la vida te conducirá por su propia senda.

La vida no cree en ninguna religión. La vida en sí misma es religión. No tiene que obedecerle a nadie. Conoce su propio camino, su anhelo, su deseo. Sabe a dónde ir. No necesita que nadie la guíe, pues toda guía desvía.

Nunca le digas a un río: «Estás fluyendo en la dirección equivocada. Te mostraré un atajo, un atajo virtuoso. Estás disfrutando demasiado de las montañas y de los valles y de los bosques y de los cantos de los árboles y de las flores; es imperdonable. Te mostraré el camino correcto, el camino a través del desierto».

Pero los ríos no le obedecen al sacerdote. Siguen cantando su canto por extrañas montañas, por selvas vírgenes. Sin guía y sin mapa, sin sacerdote, sin iglesia, llegan al océano; es un fenómeno simple y natural.

Si sigues la vida sin impedimento, sin vacilación, con todo el corazón te conducirá al divino origen de todo. No se requiere sacerdote.

El Papa dice: «Sin sacerdote no debes comunicarte, no debes confesarte ante Dios. Es pecado».

Y yo te digo que el Papa es el pecador más grande cuando hace semejante declaración. Está intentando desconectarte de Dios y conectarte con un agente, el sacerdote. Esos pesos que se dan como penitencia nunca le llegan a Dios; ¿y qué se supone que hará Dios con el dinero? Allá no hay ningún centro comercial. He revisado todas las escrituras del mundo y no hay ninguna mención de la existencia allá de un centro comercial o de un cine. ¿Qué hará Dios con los pesos? Ese dinero se va a los bolsillos de los sacerdotes, no todo, sólo la comisión. La mayor parte va al Papa, al Vaticano. Es un negocio, un simple negocio. La explotación disfrazada de religión. Pero cada religión tiene su manera.

Ocurrió que un hombre se presentó ante Ramakrishna y le dijo:

—Me he vuelto viejo y estoy arrepentido de haber derrochado mi vida, de haber disfrutado los placeres mundanos, sin nunca escuchar a los santos. Ya no me queda tiempo para practicar la virtud y la disciplina. Pero nuestros grandes sabios han encontrado un atajo para la gente como yo: Voy a ir a Allahabad a bañarme en el río Ganges.

Y el Ganges pasaba exactamente por detrás del templo de Ramakrishna, donde los dos hablaban. Ramakrishna le dijo:

—¿Vas a ir hasta Allahabad? Pero si el Ganges fluye justamente detrás del templo. Puedes ir y darte un baño cuantas veces quieras; puedes nadar, puedes convertirte en pez, puedes quedarte en el Ganges. ¿Para qué ir a Allahabad?

Y él dijo:

—Porque, a no ser que un sacerdote cante mantras especiales, el Ganges no ayuda. El sacerdote se necesita como mediador.

Ramakrishna era un hombre muy sencillo. Dijo:

—Si tienes que ir, pues tienes que ir. Pero recuerda sólo una cosa: ¿Has visto los grandes árboles a la orilla del Ganges?

El hombre contestó:

—Sí, los he visto. Pero ¿qué tienen que ver los árboles?

Ramakrishna contestó:

—Tal vez no te das cuenta... Es cierto que cuando el sacerdote canta los mantras y tú te metes al río se te lavan todos tus pecados. Pero ¿alguna vez te has preguntado a dónde van?

El otro respondió:

—Nunca lo había pensado.

Ramakrishna le dijo:

—Simplemente salen de ti, se prenden a los árboles y esperan hasta que tú salgas. ¿Cuánto tiempo puedes permanecer dentro del Ganges, y cuánto tiempo puede seguir cantando el sacerdote? Ellos lo disfrutan mucho; tus pecados se divierten y se ríen de la insensatez, puesto que pronto vas a pasar por debajo de esos árboles, los pecados te asaltarán otra vez. Y corres peligro de que los pecados de otras personas te asalten también. Tienen para escoger, pueden estar aburriéndose de la persona con quien han estado. Viendo a un hombre tan guapo como tú... Tus pecados se te echarán encima, pero los pecados de otras personas... esos árboles no están allí sin razón. Puedes irte, pero mejor quédate en el Ganges y nunca vuelvas a salir de él.

El hombre respondió:

—Eso significa la muerte.

Ramakrishna dijo:

—No lo puedo evitar.

Cada religión suscita en ti la idea de culpa. ¿Culpa de qué? ¿De haber amado a una mujer, o de haber amado a un hombre? ¿Qué tiene de malo? ¿De haber disfrutado bellas ropas? ¿Qué tiene de malo? La existencia no está en contra de la belleza; de no ser así, no hubiera creado el pavo real con todos sus colores. La existencia no está en contra de la belleza; de otra manera, no podría haber flores, sólo espinas. La existencia no está en contra del gozo. Los pájaros están cantando, llamando a su amante, los pavos reales están danzando, un arco iris aparece en el cielo, la música silenciosa de la noche y millones de estrellas... La existencia es tan inmensamente bella. Pero las religiones dicen: «Apreciar la belleza, ser sensible a la belleza, es pecado. Hasta disfrutar los alimentos es pecado». Ellos se oponen a cualquier cosa que te da placer, «algún día te arrepentirás. Es mejor vivir la vida de un desierto y no de un jardín».

Esta actitud contraria a la vida... Cuando las personas se vuelven viejas, débiles, enfermas, y la muerte golpea a su puerta, se convierten en víctimas de esas ideas. Es significativo que... *algunos ancianos recuerdan sus placeres con remordimiento, como si fueran errores cometidos en estado de embriaguez.* ¡Esto es una insensatez total! Esos placeres son dones que te brinda la existencia. En lugar de estar agradecido, estás arrepentido; en lugar de sentir gratitud, sufres remordimiento.

Las religiones han destruido el alma humana tan completamente que el ser humano nunca logrará su dignidad hasta que todas las religiones desaparezcan y vayan a parar a los museos. No tienen ningún lugar en la vida.

Kahlil Gibran dice:

Pero el remordimiento es el anublamiento del alma, y no su castigo.

No te vuelve casto, simplemente nubla tu mente y te hace infeliz. ¿Qué clase de virtud es esa que no te brinda ni una danza, ni una sonrisa, sino que simplemente nubla tu mente? Ya estás saturado de todo tipo de estupideces... Y a eso le añades remordimiento...

La gente muere llena de arrepentimiento: infelices, atemorizados, culpables, pecadores. Se pierden de la belleza de la muerte, del silencio de la muerte, de la profundidad de la muerte. Pasan por alto la culminación de la vida.

La muerte no es un final. Es el *crescendo* mismo de la vida. Desperdiciaron la vida porque nunca vivieron plenamente. Todas esas religiones les impidieron vivir totalmente. Siempre han tenido hambre y sed porque su copa nunca ha estado llena, nunca ha rebosado. Y un solo sorbo de agua no quita la sed sino que la aumenta; sientes más sed. Bajo la desafortunada influencia de las religiones el ser humano se ha convertido en casi un esqueleto, ha perdido su dignidad, su belleza, su coraje, su audacia, lo han llenado de disparates. Muere con lágrimas en los ojos, no con una sonrisa en los labios.

Es bueno ver morir a alguien. Mírale la cara a la persona: ¿está radiante de alegría? Eso demuestra que ha vivido su vida; no se ha preocupado por esas ideas tontas que son irrelevantes para la vida, contrarias a la vida. Todo lo que es contrario a la vida es contrario a Dios, pues la vida y Dios no son sino nombres diferentes para la misma fuente. Pero rara vez verás una persona morir con una expresión radiante en el rostro. Verás al infeliz, al pecador; todo sale a la superficie: el temor al castigo, al infierno, lo tiene escrito en el rostro.

Nunca he encontrado nada más criminal que las enseñanzas de las religiones... Son mortíferas. Todo su negocio tiene que ver con asesinarte poco a poco, destruir tu coraje vital, haciendo que le temas a lo desconocido.

Kahlil Gibran dice:

> Deberían, antes, recordar sus placeres con gratitud... no con remordimiento.

Fue una bella vida, llena de dulces recuerdos de amor, de amistad, de música, de poesía, de pintura, de creatividad. Una vida tan hermosa que no pediste, que fue un regalo gratuito.

¿Y sin embargo mueres con remordimientos? Deberías morir con gratitud. Todo lo ocurrido te ha vuelto maduro, centrado, aterrizado; te ha satisfecho y te ha traído alegría; te ha conducido a las cimas más altas y a los abismos más profundos. Has conocido la belleza de la oscuridad y has conocido la belleza de la luz.

Aun si hubo errores, no hay nada que lamentar; eras nuevo en el mundo, una criatura en el mundo. Muchas veces caíste, pero cada caída te fortaleció, cada caída hizo que te cayeras menos. Cada caída te aportó un importante aprendizaje, generó compasión en ti.

Cuando alguien caiga, no lo condenes. Sabes que es tan humano como tú. No tienes por qué juzgar. Sólo se aprende de los errores. Si una persona decide no cometer ningún error, no va a aprender nada en la vida. Llega vacía y sale vacía.

> Deberían, antes, recordar sus placeres con gratitud, como recordarían una cosecha de verano.

La vida debería ser un sembrar de semillas, de placer, de canciones; y la vida debería ser una cosecha de verano. Un ser humano auténtico que ha vivido plenamente, sin dejarse perturbar por todo tipo de tontos: cristianos, hindúes, mahometanos... Están muertos y tampoco quieren que tú vivas. Han actuado estúpidamente y sienten celos de que tú vivas y disfrutes. Por eso en todos los templos, todas las sinagogas, todas las iglesias, lo que se enseña va en contra de la vida, en contra del amor, en contra del disfrute, en contra del placer. Pero ¿qué queda entonces? ¿Ser infeliz?

Si permaneces infeliz, naturalmente tu muerte va a ser la oscuridad. Pero si has vivido tu vida plenamente —con alegría, con todos sus altibajos, con todas sus lágrimas y sus risas—, tu muerte será algo bello, la apertura de una puerta hacia la vida en un plano más elevado, hacia una mayor conciencia.

> No obstante, si hallan consuelo en el remordimiento, dejémosles que se remuerdan.

Es cosa de ellos. Sólo diles la verdad y deja que ellos decidan. No interfieras ni siquiera en su infelicidad. Tal vez en el fondo estén disfrutando su infelicidad.

Es un hecho psicológico muy conocido que las personas disfrutan su infelicidad porque les trae compasión. Cuando eres infeliz, todo el mundo te tiene lástima, todo el mundo te consuela. Cuando eres feliz nadie viene a consolarte, a tenerte lástima, sería absurdo hacerlo. Es un juego muy ingenioso: te sientes infeliz, alguien te expresa su lástima, tú disfrutas la lástima, pues te ha hecho falta el amor.

La lástima es un mal sustituto del amor, muy malo. No conoces el amor. Crees que la lástima es una actitud muy amorosa y por eso disfrutas la lástima; y la persona que te tiene lástima disfruta tu infelicidad. Se convierte en alguien superior a ti. Es el que consuela, no el que es consolado; está en una mejor posición. Si tu casa se incendia, todos en el pueblo se reúnen a manifestarte su lástima, profundamente felices de que sus propias casas no se hayan incendiando.

Mi abuelo murió. En mi familia, él era el miembro más viejo y yo, el más joven, pero por una extraña coincidencia éramos grandes amigos. Todos aquellos que estaban entre los dos en edad estaban en contra de ambos. Estaban en contra mía y decían:

—¿Vas a llevar al anciano al cine? No parece correcto para su edad.

Y cuando una gran bailarina llegó a nuestra ciudad, llevé a mi abuelo a verla y toda la familia estaba tan enfadada que cuando regresamos a casa esa noche no querían abrirnos la puerta.

Yo les grité:

—¿Qué pasa? Si no nos abren la puerta voy a despertar a todo el vecindario.

Ellos sabían que cuando yo digo algo lo digo en serio, entonces abrieron la puerta inmediatamente. Me dijeron:

—Tú ya estás echado a perder, pero nunca pensamos que un niño pequeño podría echar a perder al hombre más viejo de la familia. Esa mujer es una prostituta.

Yo dije:

—No fuimos a ver a una prostituta, fuimos a ver a una bella bailarina. Puede ser una prostituta para los ojos de ustedes, pero nada tenemos que ver con su vida privada, eso es cosa de ella. Fuimos a verla bailar. Baila de manera tan hermosa que no podía permitirme no llevar al abuelo. Es mi amigo.

Siempre que un santo llegaba a la ciudad, me llevaba y me decía:

—Búrlate de él. Hazle preguntas que no pueda responder. Y no te preocupes, pues yo estoy contigo.

Entonces yo me paraba en medio de la reunión y mi abuelo se paraba junto a mí con su gran bastón para que nadie pudiera meterse conmigo. Todos sabían: «Ese espléndido viejo es peligroso también». Poco a poco los santos dejaron de llegar porque no tenían respuestas a las preguntas importantes. Eran sólo preguntas baladíes, pero no tenían respuestas.

Cuando él murió, yo estaba sentado... Era una hermosa mañana de invierno y el sol había salido. Yo estaba sentado al pie de la puerta porque todos los demás en la casa estaban acompañando al anciano. Uno de mis tíos me dijo:

—Es curioso. Tu gran amigo ha muerto y tú estás afuera disfrutando del sol de la mañana.

Yo dije:

—Cuando estaba vivo, ninguno de ustedes lo acompañaba excepto yo. Sólo les estoy dando la oportunidad de hacerlo; ya no habrá otra oportunidad. Pero ustedes sólo pueden acompañar a los muertos, no a los vivos.

Los vecinos llegaron a ofrecer sus condolencias, a consolarnos —se encontraban conmigo primero porque yo estaba sentado afuera—, y comenzaban a sollozar, las lágrimas rodándoles por las mejillas. Yo les dije:

—No finjan.

Y se escandalizaron. Les dije:

—Esas lágrimas son lágrimas de cocodrilo, pues yo nunca los vi llegar cuando el viejo estaba vivo. Él era un león. Hubiera podido comérselos a ustedes de desayuno. Y ahora que está muerto...

Pero él vivió tan plenamente, y su muerte fue tan hermosa... En el último momento me llamó, tomó mi mano en la suya y me dijo:

—He vivido plenamente, sin remordimientos. Sólo recuerda: no escuches a nadie, sólo a tu propio corazón.

Entonces les dije a los vecinos:

—No hay necesidad de llorar por un hombre que vivió tan felizmente, tan bellamente. Cuando su abuelo muera, podrán llorar. Y recuerden, yo no acudiré, ni siquiera a consolarlos.

No entendían lo que yo les decía, y cuando alguien de mi familia los hizo entrar a la fuerza, le dijeron:

—No le hables a él.

Y añadieron:

—Nos ha dicho cosas muy ofensivas, que nuestras lágrimas son lágrimas de cocodrilo.

Después dije:

—Disfruten que su abuelo todavía está vivo. ¡Veo que su corazón se alegra de que el abuelo de otros haya muerto!

Y ellos respondieron:

—Ni siquiera estamos hablando contigo.

Y dije:

—No importa. Yo quería aclararles que todas estas condolencias y este pésame son para aquellos que han desperdiciado la vida, que han desperdiciado el amor, que no han vivido en armonía con sus propios anhelos.

Mi abuelo fue un hombre sencillo, pero un hombre no contaminado, no corrompido por los sacerdotes. Su muerte fue tan bella como su vida.

Kahlil Gibran dice: *No obstante, si hallan consuelo en el remordimiento... si sienten algún tipo de consuelo en el arrepentimiento* tal vez crean que al sentir remordimiento, al arrepentirse, serán perdonados, entonces... *dejémosles que se remuerdan.* Pero habrán perdido la oportunidad que les dio la naturaleza. Llegaron con las manos vacías y se han ido con las manos vacías.

> Y hay entre ustedes quienes no son ni jóvenes para explorar ni ancianos para recordar...

La gente de edad mediana... No son jóvenes, vibrantes de energía, desbordantes de vida, explorando y buscando nuevas maneras de encontrar más y más placer y, en últimas, la dicha. Si no eres demasiado joven para explorar ni demasiado viejo para recordar... Al anciano no le queda nada; simplemente recuerda y se arrepiente. La vida se le ha salido de las manos y no hay manera de volver atrás, no hay manera de recuperar esa vida otra vez.

> Y en su temor de explorar y de recordar, rehúyen todos los placeres...

Estas personas de edad mediana se encuentran en una especie de limbo. No son lo suficientemente jóvenes para explorar, pero no son lo suficientemente viejos para arrepentirse.

Están suspendidos entre los dos, ni lo uno ni lo otro. No pueden hacer lo que los jóvenes hacen, pero tampoco pueden hacer lo que los viejos hacen. Están en un conflicto constante: una parte de ellos quiere ser joven, y otra parte quiere ser vieja. Viven en la angustia.

Debo recordarles que la mayoría de las crisis cardiacas ocurre alrededor de los cuarenta y dos años, un año antes o un año después. La juventud se ha ido y la vejez no ha llegado, y la tensión resulta demasiado grande. Un ataque cardiaco a esa edad realmente no es un fenómeno físico. Desde luego, se expresa como un síntoma físico, pero en el fondo es psicológico.

El hombre de edad mediana vive una vida muy difícil. Es como un puente: ni en un lado ni en el otro lado. No puede reunirse con los que todavía bailan y no puede reunirse con los que están orando y confesándose en las iglesias, en los templos, en las mezquitas. Está totalmente perdido: no sabe qué hacer, a dónde ir. Y esto le ocurre solamente por no haber vivido su juventud a plenitud.

Si has vivido tu juventud a plenitud, permanecerás joven hasta tu último soplo de vida. Tu cuerpo puede envejecer, pero tu frescura y juventud se mantendrán.

Los hindúes se jactan de que, en su manera de calcular el tiempo, el comienzo fue la mejor edad: *satyuga*, la edad de la verdad. Pero se jactan de ello porque nadie muere joven.

Estaba hablando con un santo hindú, y le dije:

—No alardeen de eso. No es nada para jactarse. Yo le veo otro significado, y a este significado lo respalda la inmensa evidencia descubierta por la ciencia. Cuanto más lejos en el pasado nos remontemos... Hemos encontrado esqueletos de personas que deben haber muerto a los cuarenta años; no hemos encontrado ni un solo esqueleto de un hombre que haya vivido más de cuarenta años, así que no alardeen. Ustedes no están conscientes de la realidad. La realidad es que en su *satyuga* las personas se volvían viejas alrededor de los treinta y cinco y morían alrededor de los cuarenta. Naturalmente, nadie moría joven.

Pero, a mi modo de ver, debería ser lo contrario: aun si mueres a los noventa o a los cien, deberías morir joven. Tu juventud es un fenómeno totalmente diferente del de tu edad. La edad es física y la juventud tiene que ver con tu manera de abordar la vida.

Si estás con la vida y no en contra de ella, permanecerás joven, en tu fuero interior, hasta tu último suspiro y no habrá edad mediana.

La edad mediana es una brecha, una brecha que es más como una pesadilla, pues la juventud se ha ido y la vejez aún no ha llegado. No puedes buscar placeres y ni siquiera puedes arrepentirte.

¿Arrepentirte de qué? Nunca has vivido; la cuestión del arrepentimiento no surge. Así que la persona se siente completamente vacía entre la juventud y la vejez. La brecha es horrible; la experiencia más dolorosa de la vida.

Y en su temor a explorar y a recordar, rehúyen a todos los placeres...

No pueden explorar placeres, pues parece vergonzoso mezclarse con la gente joven, ir a una discoteca y bailar; una persona de mediana edad se siente fuera de lugar... y no puede sentarse con los viejos, que están llenos de remordimientos. Su situación es en verdad muy difícil. Éste es sólo un pequeño aspecto de la edad mediana.

... rehúyen todos los placeres por miedo a ahuyentar u ofender al espíritu.

Viven temerosos, temblando.

Sin embargo, en su renuncia está su placer.

Existe una enfermedad psicológica que se llama masoquismo. Ninguna escritura antigua la menciona; no es que la enfermedad no haya existido entonces —era más frecuente de lo que es ahora— pero se le daba un nombre diferente. La llamaban «santidad». El masoquismo se deriva del nombre de un hombre, Masoch. Se castigaba, se torturaba. Si no hay un cierto placer en ello, ¿para qué hacerlo?

Existe también una enfermedad contraria que compensa el masoquismo, y es el sadismo. También lleva el nombre de un hombre, de Sade. Sadismo significa disfrutar torturando a los demás. A propósito, si un sádico y un masoquista se casan, será la mejor pareja del mundo. Estarán completamente felices pues ambos disfrutan: el uno disfruta que lo torturen y el otro disfruta torturar Si te vas a casar, no le preguntes al astrólogo, anda al psicoanalista y averigua a qué categoría perteneces. Si eres sádico, casarte con un sádico es una desgracia; si eres masoquista, casarse con un masoquista significa que vas a sufrir toda tu vida y nunca alcanzarás ningún placer. Averigua a qué categoría perteneces y cásate con la categoría opuesta, así como un hombre se casa con una mujer.

Las personas que continuamente se arrepienten de los pecados que cometieron en medio de la embriaguez en su juventud... Observa su rostro: lo disfrutan. Mi propia experiencia con personas que siempre andan diciendo que en su juventud se desviaron del buen camino, que se olvidaron de Dios, que no obedecieron los consejos de los sabios, es la misma: siempre he notado que el rostro se les ilumina. Lo están disfrutando otra vez. No es sólo un recuerdo: lo están reviviendo. En su mente, éstas son dos cosas diferentes. Un recuerdo es mecánico: dos y dos son cuatro, eso es recuerdo. Pero al recordar cómo fue hacer el amor con una mujer o un hombre, los he visto entusiasmarse, sonrojarse su rostro y sus ojos brillar; se vuelven jóvenes otra vez. No hay arrepentimiento: lo están reviviendo.

Así que hasta en el arrepentimiento hay algo que les da placer, pero lo mantienen escondido por dentro. En la superficie están tratando de volverse santos, y en lo profundo de su psiquis están disfrutando algo que ya no podrán vivir. Esos días ya han pasado, esa energía se ha agotado, pero por lo menos lo pueden revivir. Pero si lo reviven directamente, todo el mundo los condena; por eso la confesión, la penitencia, el arrepentimiento, todo ello es una buena excusa.

> Y así, ellos también descubren un tesoro aunque cavan con manos trémulas en busca de raíces. Pero, díganme, ¿quién es aquel que puede ofender al espíritu?

Esta pregunta que plantea es muy significativa. Kahlil Gibran pregunta: *Pero, díganme, ¿quién es aquel que puede ofender al espíritu?*

Estas pequeñeces de las cuales te arrepientes no pueden agraviar la fuente de la vida, pues de hecho es la fuente misma de la vida que se expresa a través tuyo. No eres responsable. Al arrepentirte, te das importancia innecesariamente, como si fuera obra tuya. No es obra tuya. Todo lo que has hecho ha sido hecho por tu anhelo natural; por lo tanto, si hay algún responsable es la fuente misma de la vida. No tienes que confesarte. La confesión no es nada más que un nuevo accesorio de tu ego: «Lo hice, y ahora estoy haciendo algo diferente, y me arrepiento».

Kahlil Gibran dice: no hay manera de ofender al espíritu. Puedes vivir de manera natural, con alegría, o puedes vivir sumido en la infelicidad; pero sólo te ofendes a ti mismo, te hieres sólo a ti mismo. No puedes agraviar al espíritu, a la fuente universal de la vida. Eres demasiado pequeño. Una gota de rocío no puede ofender al océano, no importa qué haga esa gota de rocío.

Siempre hay que recordar que no se puede agraviar a la existencia; por ende, no hay necesidad de arrepentirse, no hay necesidad de sentirse culpable. Es el espíritu universal que se expresa de diferentes maneras. No asumas semejante responsabilidad, es una posición egoísta. Por eso es que cuando ves a tus santos te das cuenta de que todos ellos tienen un ego muy exaltado.

¿Ofende el ruiseñor a la quietud de la noche...?

Cuando el ruiseñor canta en la noche, ¿se ofende el silencio de la noche? No, en absoluto. Al contrario, el canto del ruiseñor ahonda el silencio de la noche. Antes del canto, después del canto... Se siente la profundidad. El canto del ruiseñor no es una molestia, es una ofrenda; convierte el silencio en plenitud, no en vacío.

¿...O la libélula a las estrellas?

¿Puede la libélula ofender el espíritu de las estrellas? ¿Debería confesarse? ¿Debería ir a la iglesia católica? A nadie ofende.

De hecho, la libélula acerca las estrellas a ti, las acerca a tu jardín, las acerca a tus rosas y a tus flores, a veces hasta al interior de tu casa; algo de las estrellas en la oscuridad de tu cuarto.

No ofende a las estrellas. Es su mensajera; no hay cabida para arrepentirse. Ella no compite con las estrellas; simplemente trae consigo, en pequeñas cantidades, la misma luz, la misma danza. A donde las estrellas no llegan, llega la libélula.

¿Y podrá su llama o su humo agobiar al viento?

¿Crees que tu llama, tu juventud, tu humo o tu vejez puedan agobiar al viento? ¿Entonces qué necesidad hay de arrepentirse? Jesús estaba obsesionado con el arrepentimiento; repite esa palabra con más frecuencia que cualquier otra: «Arrepiéntete, arrepiéntete», una y otra vez.

El cristianismo es la religión del arrepentimiento; por eso digo que es la religión más baja, en comparación con las demás. Y toda la responsabilidad es de Jesús, pues él enfatiza el arrepentimiento y hace que te sientas culpable. Pero la vida siempre vuelve al equilibrio...

Zarathustra compensa a Jesús. Zarathustra es el único de todos los fundadores de religiones que está profundamente enamorado de la vida. Tal vez sea ésa la razón por la cual los seguidores de Zarathustra constituyen la minoría más pequeña del mundo. Viven mayormente aquí en Bombay. Bombay es todo su mundo. Algunos grupos viven en Khandala y Lonavala, y se acaban en Puna. Más allá no se encuentra ningún seguidor de Zarathustra. Y nadie los percibe como un grupo religioso porque aman la vida, disfrutan la vida.

Cuando Friedrich Nietzsche quiso escribir algo paralelo a los evangelios de Jesús, escogió el nombre de Zarathustra, aunque no sabía mucho sobre Zarathustra; es una minoría tan pequeña que nadie la incluye entre las religiones del mundo. Pero Friedrich Nietzsche estaba igualmente enamorado de la vida que Zarathustra, y ése es el vínculo.

Cuando escribió *Así habló Zarathustra*, habla en nombre de Zarathustra; pero aun sin conocerlo, todo lo que dice está en armonía con el espíritu de Zarathrustra porque es la única religión en el mundo que sustenta la vida. Friedrich Nietzsche es Zarathustra vuelto a nacer; ni Zarathustra ni Friedrich Nietzsche han sido comprendidos.

Este libro, *El Profeta*, fue escrito por Kahlil Gibran bajo la influencia del libro de Friedrich Nietzsche, *Así habló Zarathustra.* Le impresionó tanto el libro que él mismo intentó escribir un libro similar. Para Nietzsche, Zarathustra no es una figura histórica, pues no sabía nada de él excepto el nombre; pero escogió el vocero correcto para su propia filosofía.

De la misma manera, Kahlil Gibran escogió a Al-Mustafá, un nombre ficticio, para hablar por él. Al-Mustafá es sólo una máscara. La máscara era necesaria porque dice cosas que van en contra del cristianismo; pero, puesto que es sólo ficción, nadie se ofende. Ni siquiera los Papas han puesto su libro en la lista negra, libros que ningún católico debe leer: Mis libros están en la lista negra, ningún católico debe leerlos; hasta leerlos es cometer un gran pecado.

> ¿Creen que el espíritu es un pozo tranquilo que pueden perturbar con un bastón? Muchas veces, al negarse un placer, no hacen más que reprimir su deseo en los repliegues de su propio ser.

Esta simple afirmación contiene toda la filosofía de Sigmund Freud. *Al negarse un placer...* no están haciendo otra cosa que almacenar todos esos deseos en su inconsciente. Pronto explotarán, o encontrarán una salida perversa. Todas las perversiones sexuales del mundo vienen de las religiones que niegan la vida.

¿Y quién sabe si lo que hoy parece reprimido no aparecerá mañana?

Hoy puedes reprimir algo, pero mañana podría imponerse con fuerza. Hoy es natural, mañana puede ser perverso.

Hasta el cuerpo de ustedes conoce su herencia y sus derechos, y nada podrán hacer por engañarlo.

Escucha la sabiduría de tu cuerpo. Conoce su herencia, conoce sus anhelos. En lugar de obedecer la Santa Biblia o el sagrado Corán o el sagrado Gita, obedécele al sagrado cuerpo.

Y el cuerpo de ustedes es el arpa de su alma. Y de ustedes depende si arrancan de él música melodiosa o ruidos disonantes.

Si actúas naturalmente, brotará música melodiosa. Si te perviertes, tu cuerpo sólo creará ruidos disonantes.

Y ahora se preguntan en su corazón: ¿cómo distinguiremos lo que es bueno en el placer de lo que es malo? Vayan, pues, a sus campos y a sus jardines y, ahí, aprenderán que el placer de la abeja es chupar la miel de la flor. Y que también es placer de la flor entregar su miel a la abeja.

Recuerda, no hay nada malo en la vida; es sólo que una parte disfruta dando y la otra parte disfruta recibiendo. Es casi como tus dos manos, una mano da y la otra recibe.
Kahlil Gibran dice:

—En lugar de filosofar en torno al problema, simplemente anda al jardín y observa que el placer de la abeja es chupar la miel. Pero no es nada malo, no le hace daño a las flores... *También es placer de la flor entregar su miel a la abeja.* Ambos disfrutan el momento. Cuando la abeja está zumbando de alegría y chupando la miel y la flor bailando al sol, entregando su miel, no existe maldad.

Si se les preguntara a los sacerdotes, le dirían a la abeja:

—Eso no está bien. Estás robando la miel y no estás legalmente casada con la flor. ¿Dónde está su certificado de matrimonio?

Y también condenarían a la flor:

—No está bien atraer a las abejas con tu miel, pues eso genera deseo.

Los sacerdotes son muy hábiles para destruir todo lo que es bello. La vida es ambas cosas: día y noche, flor y abeja, hombre y mujer, nacimiento y muerte. No hay nada malo, no hay nada vil. Entenderlo es acceder al mundo de la conciencia religiosa.

> Pues, para la abeja, una flor es una fuente de vida. Y para la flor, una abeja es una mensajera de amor. Y para ambas, la abeja y la flor, dar y recibir placer es una necesidad y un éxtasis. Pueblo de Orphalese, sean en sus placeres como las flores y las abejas.

9

La belleza: el rostro sagrado de la vida

Y un poeta dijo:

—Háblanos de la belleza.

Y él respondió:

—¿Dónde buscarán la belleza y cómo la podrán hallar a menos que sea ella misma su camino y su guía?, ¿y cómo podrán hablar de ella a menos que ella misma teja sus palabras? Los afligidos y los heridos dicen: «La belleza es amable y suave. Como una joven madre, algo ruborizada de su gloria, camina entre nosotros». Los apasionados dicen: «No, la belleza es una fuerza poderosa y temible. Como la tempestad, ella sacude la tierra bajo nuestros pies y el cielo sobre nuestra cabeza». Los fatigados y los agobiados dicen: «La belleza está hecha de suaves murmullos. Ella habla en nuestro espíritu. Su voz cede a nuestros silencios como una luz tenue que tiembla de miedo a la sombra». Pero los inquietos dicen: «Nosotros la hemos oído gritar entre las montañas. Y sus gritos convocaban tropeles de caballos, y el batir de alas y el rugir de leones». En la noche, los guardias de la ciudad dicen: «La belleza despuntará en el oriente, con la aurora». Y, al mediodía, los trabajadores y los caminantes dicen: «Nosotros la hemos visto inclinada sobre la tierra, desde las ventanas del poniente». En invierno, los sitiados por la nieve dicen: «Vendrá con la primavera, brincando sobre las colinas». Y en el calor del verano, los segadores dicen: «La hemos visto danzando con las hojas de otoño, y había nieve en su cabello». Todas estas cosas han dicho de la belleza. Pero, en verdad, nada hablaron de ella, sino de necesidades insatisfechas. Y la belleza no es una necesidad, sino un éxtasis. No es una boca sedienta ni una mano vacía que se extiende. Sino más bien un corazón inflamado y un alma encantada. No es la imagen que quisieran ver ni la canción que quisieran oír. Más bien, es una imagen que ven aunque cierren los ojos, y una canción que oyen aunque tapen sus oídos. No es la savia bajo la arrugada corteza ni un ala atada a una garra. Sino más bien un jardín eternamente en flor, y una multitud de ángeles eternamente en vuelo. Pueblo de Orphalese, la belleza es la vida cuando la vida revela su rostro sagrado. Mas ustedes son la vida, y ustedes son el velo. La belleza es la eternidad contemplándose a sí misma en un espejo. Mas ustedes son la eternidad, y ustedes son el espejo.

No hay sino tres asuntos fundamentales en la vida: la belleza, la verdad y el bien. Quizá sean éstas las tres caras de Dios, la verdadera trinidad. Y cada una de ellas es tan indefinible como lo es Dios. A lo largo de los siglos, las mentes más profundas se han preocupado por estos tres problemas, pero ni los pensadores ni los filósofos han llegado a ninguna respuesta concluyente.

Al moralista le preocupa lo que es bueno, al filósofo le preocupa lo que es la verdad y al poeta le preocupa lo que es la belleza. No sólo el poeta sino todas las personas que de alguna manera son creativas —los músicos, los bailarines, los escultores—, cualquiera que se ocupa de crear, de la creatividad, tiene que preocuparse de la belleza... ¿Qué es?

Aquí dijo un poeta... *Háblanos de la belleza*... no es que el poeta no lo sepa, pero es una cosa saberlo y otra decirlo. La pregunta no surge de la ignorancia, tampoco surge del simple conocimiento prestado. La pregunta surge de una experiencia existencial. El poeta sabe en cada célula de su ser lo que es la belleza, pero es incapaz de convertir esa experiencia en expresión.

Una vez, tras ganar el Premio Nobel por una de sus colecciones de poemas, le preguntaron a un gran poeta de la India, Rabindranath Tagore:

—¿Alguna vez se ha preocupado por la belleza, por saber qué es?

Y él contestó:

—¿Preocupado? ¡Estoy obcecado! Yo sé lo que es. Yo he probado el vino y me he embriagado, pero todos mis esfuerzos por expresar el sabor del vino y la experiencia de estar embriagado han fracasado. Todos mis poemas no son más que fracasos. Una y otra vez he intentado expresar lo que es la belleza, y una y otra vez he fracasado. Seguiré intentándolo hasta mi último suspiro, pero en el fondo sé que tal vez estoy pidiendo lo imposible.

La pregunta surge de un poeta que ha visto la belleza, que ha amado la belleza, que ha sentido su toque mágico, que ha bailado con ella, cuyos días y noches no son más que un flujo continuo de experiencia de reinos cada vez más profundos de la belleza. No obstante, expresarla, definirla, parece imposible. Su pregunta es muy auténtica y sincera.

Kahlil Gibran intenta responderle al poeta de la manera más bella, más profunda, y llega muy cerca de una definición; sin embargo, no ha sido capaz de definirla. Pero ha señalado la luna con el dedo. Puede no haber llegado a la luna, pero ha indicado la dirección correcta. Muy pocas personas se han acercado tanto.

Uno de los más grandes filósofos del mundo contemporáneo, G. E. Moore, escribió un libro, *Principia Ethica*. Todo el libro, doscientas cincuenta páginas de una argumentación lógica muy sutil y compleja, gira en torno a una sola pregunta: ¿qué es el bien? Y mientras lees el libro crees que tal vez va a contestarla.

Se sumerge en las profundidades, se eleva hacia las alturas, pero al final lo resume todo diciendo que el bien es indefinible:

—Acepto mi fracaso. He hecho todo lo posible; lo he abordado desde todos los puntos de vista, he llamado a todas las puertas. Cuanto más lo pienso, más escurridizo se vuelve. Al final, sólo hay una cosa cierta tras toda esta exploración: que debo confesar que el bien es indefinible.

Era un hombre honesto. Las personas llamadas religiosas no lo son tanto. Siguen definiendo hasta a Dios. ¿Y qué decir del bien? Siguen definiendo la verdad, la belleza, el bien... no es que sus definiciones sean de utilidad para alguien. Simplemente demuestran su deshonestidad. Usan bellas palabras, usan argumentos muy complejos; pueden engañar a millones de personas, pero no pueden engañarse a sí mismas. Este poeta mismo puede haberlo intentado de mil maneras, pero termina aceptando su fracaso.

Es uno de los fenómenos más misteriosos. Casi todo el mundo sabe lo que es la belleza. Dices que la rosa es bella, pero a menos que sepas qué es la belleza, ¿cómo puedes decir que la rosa es bella? Dices que la puesta del sol es bella, dices que el niño es bello, pero ¿cómo puedes usar la palabra «bello» si no tienes idea de qué es la belleza?

Tal vez cada persona sepa algo —la haya podido saborear, la haya vislumbrado— y el poeta, el pintor y el músico saben mucho más, están embriagados de belleza. Pero no les pidas que definan lo que es.

Una vez Immanuel Kant se enfadó mucho cuando alguien le preguntó:

—¿Qué es la verdad?

Dijo:

—Antes de que te responda, te haré algunas preguntas que conoces bien. ¿Has amado alguna vez?

El hombre contestó:

—Sí.

Immanuel Kant le preguntó:

—Entonces dime, por favor: ¿qué es el amor?

El hombre dijo:

—He amado y he disfrutado todos los placeres y las bendiciones del amor pero, perdóname, no puedo decirte qué es el amor.

Immanuel Kant le dijo:

—No te sientas triste. Yo mismo no puedo decir qué es el amor, o qué es la belleza, a pesar de estar continuamente rodeado de ese tipo de experiencias. Toda mi vida ha sido una sola búsqueda, una sola exploración. No es que no haya encontrado lo que busco; pero temo decirle a alguien que lo he encontrado porque inmediatamente me van a hacer la pregunta: ¿cómo lo define?, y falta una definición.

Este poeta no está preguntando nada que no conozca. Él lo *conoce*, por eso pregunta; tal vez Kahlil Gibran pueda darle algunas pautas sobre la belleza. Y Kahlil Gibran comienza de una manera muy significativa. Dice:

> ¿Dónde buscarán la belleza y cómo la podrán hallar a menos que sea ella misma su camino y su guía?

La belleza no es algo que esté en otro lugar; es algo que está aquí; ¿dónde la vas a buscar? ¿Y cómo la vas a encontrar a no ser que la hayas encontrado ya?

En las antiguas parábolas egipcias hay una afirmación muy bella: que se comienza a buscar a Dios sólo cuando ya se ha encontrado. Parece extraño, pero es muy cierto. No puedes ni siquiera considerar la pregunta «¿Qué es la belleza?» si no la has encontrado ya. Entonces, en lugar de convertirla en una pregunta, permite que la belleza misma sea tu camino y tu guía. Él te está diciendo que nadie puede conducirte a ese lugar, a esa experiencia, a no ser que hayas llegado ya.

Un maestro zen le dio a uno de sus discípulos un *koan* muy famoso. Es un ardid especial del zen para ayudarte a deshacerte de tus pensamientos. Es tan absurdo que no hay manera de obtener una respuesta. Hay muchos *koanes*, pero éste es el más famoso: «¿Cómo es el sonido de una mano que aplaude?».

Es un absurdo tan evidente: una mano que aplaude no puede generar sonido. ¿Aplaudir con qué? El sonido necesita por lo menos dos cosas. Una mano sola no puede aplaudir, ¡se necesitan las dos! Y el maestro le dijo al discípulo:

—Cuando oigas el sonido de una mano que aplaude, ven a verme.

El discípulo lo intentó con seriedad. Estaba meditando cuando escuchó el viento soplar entre los pinos. Dijo:

—¡Tal vez es éste el sonido!

Se apresuró a donde su maestro. Muy temprano en la mañana, despertó al anciano y le dijo:

—Lo he oído.

Antes siquiera de preguntarle: «¿Qué has oído?», el maestro lo golpeó y le dijo:

—¡Lárgate! Y comienza a meditar otra vez. Ya sabré yo mismo cuando oigas el sonido.

El discípulo dijo:

—Es extraño... no me ha dado ni siquiera la oportunidad de decirle lo que supe.

Y ocurría cada vez. El maestro no le dio nunca la oportunidad. A veces, en el sembrío de mangos, el cucú comenzaba a cantar y el discípulo pensaba: «Tal vez...». O un ruiseñor a media noche, y él se apresuraba... y el maestro seguía rechazándolo.

El discípulo le pedía:

—¡Por lo menos dame la oportunidad de decirte lo que oí!

El maestro le dijo:

—Cuando lo oigas yo lo sabré antes que tú. Así que ¡lárgate! Comienza a meditar. Averigua cómo es el sonido de una mano que aplaude.

Como estaba preocupado por una sola cosa, poco a poco sus pensamientos desaparecieron; nunca llegan sin invitación. Las personas dicen: «Queremos deshacernos de los pensamientos», pero no comprenden algo fundamental: que los pensamientos nunca llegan sin invitación, que tú los invitas. Parte de tu ser los sigue invitando, y otra parte trata de rechazarlos. Nunca vas a tener éxito.

Pero el discípulo se concentró con todo su ser en un solo objetivo. Fue un reto muy grande, y no lograba oír algo muy sencillo: el sonido de una mano aplaudiendo. Y cuando todos los pensamientos desaparecieron, hubo silencio absoluto, y él supo. Pero no se apresuró a ver a su maestro.

Casi cada día había estado yendo con nuevas ideas y cada día recibía un golpe. Ese día el maestro lo estaba esperando: «No ha venido. ¿Lo habrá oído?», pues si lo hubiera oído, no tendría que ir a verlo. No había necesidad del reconocimiento de nadie.

Entonces el maestro fue a buscarlo: «¿Dónde está ese discípulo?». En el bosque cerca de la orilla de un lago, el discípulo estaba sentado bajo un árbol, a la orilla de un lago, tan callado que nadie hubiera sospechado que había alguien allí, tan ausente, tan vacío. Ni siquiera cuando llegó el maestro se dio cuenta de ello.

El maestro dio una vuelta alrededor del discípulo. ¿Qué ocurre? Pero el discípulo no dijo nada. El maestro se sentó frente a él y él permaneció sentado, en silencio. Y el maestro dijo:

—Por favor, ¡por lo menos golpéame! Lo has oído. Sé que no lo puedes decir —nadie puede— pero ¡golpéame! Yo he estado golpeándote demasiado a ti.

Hay experiencias que se quedan como experiencias y nunca se convierten en expresiones; y no hay necesidad de que se conviertan en expresiones. Pero hay en el corazón del hombre un anhelo profundo de compartir y es ésa una gran cualidad, un fenómeno espiritual, el impulso de compartir. El árbol comparte a su manera cuando produce flores y frutas, el poeta comparte a su manera cuando produce poemas, el músico comparte a su manera cuando crea música, pero todos ellos están intentando compartir algo que no se puede expresar.

Kahlil Gibran tiene razón. Dice: «¿Dónde lo vas a buscar?». No tiene dirección, no tiene residencia. ¿Y cómo lo vas a encontrar?

No conoces la definición. Aun si te tropezaras con él, no podrías reconocerlo. Por ejemplo, te topas con Dios en la carretera. Aun si te dice: «Buenos días», no lo vas a reconocer. Hasta podrías sentirte molesto de que un extraño... «¿Quién se cree ése? ¿Por qué me está molestando? Estoy meditando sobre Dios y ese tipo se acerca y me dice: "¡Buenos días!"». ¿Cómo vas a reconocer a Dios a menos que lo hayas conocido?

Reconocimiento significa la realización de lo que ha ocurrido antes. Es una afirmación muy significativa que, a no ser que la belleza se convierta en tu camino y tu guía, nunca sabrás lo que es.

Así que no te preocupes por el aspecto filosófico de lo que es la belleza. Vive en la belleza, camina por el sendero de la belleza. Observa tu entorno; no hay otra cosa que belleza. Desde la más pequeña luciérnaga hasta la estrella más grande, no es nada más que belleza. En lugar de perder tu tiempo buscando una definición, deja que la belleza te colme, déjate poseer por ella. Tú puedes *convertirte* en la definición de la belleza, pero no puedes definirla.

Si me preguntas: «¿Qué es la belleza?», yo te diré: «Mírame a los ojos, ahí está, yo lo sé. Escucha mi silencio, está ahí. La he oído; he oído sus pasos». Yo puedo *ser* la verdad, yo puedo *ser* la belleza, yo puedo *ser* el bien, pero no los puedo definir. No soy algo distinto de ellos. Es por eso que no puedo definirlos.

¿Cómo podría la luz definirse a sí misma? Con sólo su presencia la oscuridad desaparece, ésa es su definición. La definición no está en las palabras; la definición está en tu presencia... no en lo que dices, sino en lo que eres. Debes ser más sensible.

Nuestra sensibilidad está embotada. Nuestros padres tuvieron miedo, nuestros ancestros tuvieron miedo porque ser sensible significa andar en el filo de la navaja. Si eres sensible a la belleza, no puedes restringir tu sensibilidad a tu esposa o a tu marido. La belleza está en todas partes. Y tus padres, los padres de todo el mundo, han tenido miedo.

Había que embotar tu sensibilidad, destruirla, para que pudieras ser recluido en una pequeña prisión; de no ser así, hubiera sido imposible imponerle la monogamia a la humanidad. Un día conoces a una mujer que de repente te posee; conoces a un hombre, y de repente te sientes arrollada y olvidas totalmente que hay un marido que te espera. La belleza no tiene conciencia de los matrimonios, de los maridos, de las esposas; no conoce limitaciones.

Pero la sociedad no puede vivir de esa manera, pues aún no ha madurado lo suficiente para permitir la libertad absoluta. Sólo en la libertad absoluta puede permitírsele a tu sensibilidad que se desarrolle plenamente.

Todo el mundo nace con sensibilidad, pero todo el mundo muere embotado. De hecho, mucho antes de su muerte, el ser humano ha muerto. Las religiones le han estado enseñando a la gente que no sea sensible, pues la sensibilidad no es confiable. Es como la brisa, viene y se va por su propia voluntad. No se le puede encerrar, no se le puede aprisionar. Por eso es que a las personas les atemoriza caminar por el sendero de la belleza, les atemoriza dejarse guiar por la belleza misma.

La belleza es el derecho fundamental de cada uno. No es un talento especial que sólo unas pocas personas puedan comprender. La belleza es una cualidad innata de todos, pero permanece latente, no se le da libertad. Poco a poco comienzas a olvidarla, y entonces surge toda clase de preguntas filosóficas: ¿qué es la belleza?, ¿cuál es el significado de la belleza?

Picasso estaba pintando en una playa. Un hombre que era jardinero y vendía rosas en la playa a donde van los amantes, van los amigos, estaba observando a Picasso mientras pintaba pero no entendía el significado de lo que pintaba. Mientras Picasso le daba los últimos toques al cuadro, lo miraba sorprendido, como si él mismo no lo hubiera creado, como si fuera la obra de otra persona.

Un verdadero pintor lo siente siempre, un verdadero poeta lo siente siempre: que no ha sido más que un vehículo, que una fuerza desconocida ha creado la obra.

El jardinero se le acercó y dijo:

—Lo he estado observando pintar. Estaba tan absorto, tan metido en lo que hacía que temía molestarlo. Ahora que ya ha terminado no puedo resistir la tentación de preguntarle: ¿qué significado tiene esa pintura?

Y el hombre tenía muchas rosas en las manos. Picasso le dijo:

—Me pregunta el significado del cuadro. ¿Puedo preguntarle cuál es el significado de las rosas? Lo he visto vendiendo rosas en la playa cada día y he deseado preguntarle. Usted es jardinero, amante de las flores. He visto muchas, muchas rosas, pero las rosas que usted trae son tan bellas, tan grandes, tan fragantes, tan jóvenes, tan frescas. Usted debe sentir su belleza.

El jardinero tenía los ojos llenos de lágrimas. Le dijo:

—No me pregunte eso, pues he estado preguntándomelo toda la vida. Lo sé, lo reconozco, pero cuando se trata de decir algo, me vuelvo completamente mudo.

Picasso le dijo:

—Mi situación es igual a la suya. He estado pintando. Para el observador de afuera, soy el pintor. Pero desde mi propio punto de vista, no sé quién lo pintó; sólo soy un instrumento. Y no sé cuál es su significado porque yo no soy el pintor. Usted cultivó estas rosas pero no las dio a luz. Ellas surgen de una fuente desconocida de existencia y de vida.

Tal vez basta con disfrutarlas y no preguntar su significado. Aquellos que preguntan por el significado están perdidos; nunca encontrarán el significado. Y mientras lo buscan, la vida se les desliza entre las manos. No encontrarán el significado. Sólo encontrarán la muerte.

Lo que dice Kahlil Gibran es exactamente lo mismo: «Que la belleza sea tu vida. Que haya belleza en todas tus expresiones, en tus manos, en tus ojos, en tus silencios, en tu amor. Vive la belleza en todas sus dimensiones; deja que la belleza sea tu guía, y un día sabrás lo que es. Pero no te prometo que podrás definirla».

¿Y cómo podrán hablar de ella a menos que ella misma teja sus palabras?

No puedes hablar de la belleza a menos que estés tan poseído por ella que comience a desbordarse hasta en tus palabras. Sin embargo, no encontrarás la definición. Y tus manos, tus ojos, tus palabras y tus silencios no serán comprendidos por todos; los comprenderán sólo aquellos que ya han probado un poco del mismo misterio, del mismo vino.

Entre un maestro y un discípulo poco a poco se va desarrollando esa clase de relación. El maestro puede decir algo, o no decirlo, pero el discípulo lo siente, lo oye... tal vez los corazones comienzan a susurrarse el uno al otro y las palabras dejan de ser necesarias...

Los afligidos y los heridos dicen: «La belleza es amable y suave».

Desde luego, se pueden encontrar muchas definiciones, pero todas esas definiciones no son de la belleza, son de la persona que define la belleza. Demuestran su necesidad; no demuestran nada sobre la belleza. No demuestran nada sobre la belleza pero dicen algo sobre el que la define, sobre el pensador, sobre el filósofo.

Los afligidos y los heridos dicen: «La belleza es amable y suave». Desde luego, ésa es su necesidad; eso es lo que quieren que sea la belleza. En su inconsciencia proyectan su necesidad en nombre de la belleza. ¿Qué es tu Dios si no es tu necesidad? Observa solamente las diferentes ideas de Dios que nos aportan las diferentes religiones; parecen demostrar diferentes necesidades. No definen a Dios, sólo dan un indicio de la clase de personas que debieron inventar esos dioses.

En el Antiguo Testamento el Dios judío dice: «No soy amable. Soy un Dios muy celoso. No soy tu tío». Los judíos han sufrido tanto que no pueden concebir que Dios es compasión, que Dios es amor, que Dios es justo. Es imposible para los judíos concebir que Dios es amable. Sólo pueden concebir un Dios muy celoso, muy enojado, que nunca perdona, pues toda su experiencia de miles de años ha sido sólo de infelicidad. Si Dios es amor, entonces ¿de dónde viene la infelicidad?

Ninguna otra raza, ninguna otra parte de la humanidad, ha sufrido tanto. Si se les dice a los judíos que Dios es amor, que Dios es bueno, les es difícil aceptar la idea... pues Dios no ha sido bueno con los judíos; la existencia ha sido muy cruel, despiadada. La experiencia de los judíos es diferente. Su idea de Dios, lo que le ponen en la boca a Dios en el Antiguo Testamento, no tiene nada que ver con Dios; tiene que ver con la experiencia judía.

Los afligidos y los heridos dicen: «La belleza es amable y suave»... esperan no tener que seguir sufriendo para siempre. La primavera vendrá con todas sus flores y el dolor y las heridas pronto se convertirán en recuerdos desdibujados... ése es su deseo. No están definiendo la belleza, están definiendo su esperanza.

> Como una joven madre algo ruborizada de su gloria camina entre nosotros.

Los afligidos y los heridos dicen: «*Como una joven madre algo ruborizada de su gloria camina entre nosotros*». No está muy lejos... pues la vida es tan intolerable que si también la belleza se alejara, ¿cómo se podría soportar el sufrimiento, la herida, el dolor del presente? La belleza camina entre nosotros, invisible, algo ruborizada como una joven madre; no está muy lejos. Es el sueño de los afligidos y los heridos.

Si en la noche tienes sed, sueñas que estás sentado al borde de un hermoso lago de aguas cristalinas y estás bebiendo. Este sueño no es más que una protección, pues de otra manera tu sueño se verá alterado.

En el pasado la gente pensaba que los sueños eran disturbios del sueño. No es cierto. Los experimentos más recientes sobre los sueños y el sueño indican algo totalmente diferente, no sólo diferente sino diametralmente opuesto. Dicen que los sueños no afectan negativamente el sueño. No son alteraciones, son esfuerzos para proteger el sueño. Tienes hambre; si un sueño no te protege, te despertarás con hambre y el hambre no te permitirá seguir durmiendo. Pero sueñas que el rey te invita a cenar con él. Ahora puedes dormir tranquilamente; puedes olvidarte del hambre. El cuerpo tendrá hambre, pero el sueño consolará la mente.

> Los apasionados dicen: «No, la belleza es una fuerza poderosa y temible».

Para aquellos que están llenos de pasión, la belleza es un asunto de poder y terror. Sólo porque son poderosos creen que la belleza puede reducirse a una mercancía. Todo lo que se necesita es poder, todo lo que se necesita es dinero, todo lo que se necesita es fuerza. Y la fuerza tiene siempre la razón, por lo menos para aquellos cegados por el poder. Para ellos, la belleza es algo que se debe eliminar con el poder y la fuerza. No es algo para contemplar, es algo para utilizar.

El poder tiene su propia definición: es fuerza y terror. La belleza es algo para tomar y poseer, y se debe generar temor con tu poder.

> Los apasionados dicen: «No, la belleza es una fuerza poderosa y temible. Como la tempestad, ella sacude la tierra bajo nuestros pies y el cielo sobre nuestra cabeza».

Lo que digas sobre la belleza no tiene nada que ver con la belleza, tiene que ver contigo. Lo que digas sobre Dios no tiene que ver con

Dios sino contigo y tu psicología. Cuídate, entonces, de la red; no te dejes atrapar en ella. Observa lo que dices y por qué lo dices y encontrarás las causas en ti mismo. Tu observación no es objetiva, tu observación es subjetiva.

> Los fatigados y los agobiados dicen: la belleza está hecha de suaves murmullos. Ella habla en nuestro espíritu.

Los fatigados y los agobiados... Para ellos la belleza sólo susurra. Sólo habla en la profundidad de su espíritu. No son apasionados, no son jóvenes, no son poderosos; se definen de otra manera.

> Su voz cede a nuestros silencios como una luz tenue que tiembla de miedo a la sombra.

Es de los fatigados y los agobiados. La belleza no es posesiva. Ya no es una fuerza poderosa que atrae como un imán. Se ha convertido en *una luz tenue que tiembla de miedo a la sombra*.

> Pero los inquietos dicen: nosotros la hemos oído gritar entre las montañas. Y sus gritos convocaban tropeles de caballos, y el batir de alas y el rugir de leones.

Los inquietos siempre tienen pesadillas, ni su sueño es tranquilo. Sus días son intranquilos, sus noches son intranquilas, su vida entera desconoce la experiencia de la tranquilidad. Para ellos, la belleza es algo como un grito entre las montañas.

«*Y sus gritos convocaban tropeles de caballos*... como si fuera un campo de batalla... *y el batir de alas y el rugir de leones*». Curiosas definiciones, se podría pensar; pero al observar el entorno y preguntarles a diferentes personas su definición de la belleza, se encuentran tantas definiciones como personas.

En la noche, los guardias de la ciudad dicen: la belleza despuntará en el oriente, con la aurora.

Él espera la mañana. Un guardia de noche: para él la belleza se parece al final de la noche y el comienzo del día.

Y, al mediodía, los trabajadores y los caminantes dicen: nosotros la hemos visto inclinada sobre la tierra, desde las ventanas del poniente.

Cansados, habiendo trabajado todo el día, una y otra vez miran si se ha puesto el sol. Para ellos la belleza es la puesta del sol, cuando podrán regresar a casa, descansar y dormir.

En invierno, los sitiados por la nieve dicen: vendrá con la primavera, brincando sobre las colinas.

Están proyectando sus deseos. Cuando hay nieve y hace mucho frío, esperan que llegue la primavera brincando sobre las colinas.

La hemos visto danzando con las hojas de otoño, y había nieve en su cabello.

Kahlil Gibran está expresando diferentes perspectivas de diferentes necesidades, de diferentes esperanzas, de diferentes consolaciones.

Todas estas cosas han dicho de la belleza. Pero, en verdad, nada hablaron de ella sino de necesidades insatisfechas. Y la belleza no es una necesidad, sino un éxtasis.

En esta declaración se acerca mucho a la definición de la belleza tan objetivamente como es humanamente posible. La belleza no es una necesidad, es un éxtasis.

No está fuera de ti, está en la profundidad de tu ser cuando estás desbordándote con la danza de la vida, cuando has sido tan bendecido que puedes bendecir toda la existencia. Puedes regar toda la existencia con tus bendiciones. En ese momento todo se vuelve bello, pues todo *es* bello. De la misma manera como todo es bueno, todo es bello y todo es verdad.

Lo único que sabemos es cómo no mirar con ojos de necesidad, cómo no mirar como pordioseros, sino mirar desde la cima más alta de la conciencia, es eso lo que quiere decir cuando habla de éxtasis. Así, toda la existencia se convierte en un océano de belleza. Y no se trata de necesidad, pues los necesitados no pueden percibir la verdad. Sólo el que está satisfecho, el que está complacido, sólo el que ha encontrado sus tesoros más profundos y deja de ser pordiosero para convertirse en rey, en emperador, sólo él puede percibir lo que es la belleza. El éxtasis te abre los ojos al fenómeno de la belleza.

> No es una boca sedienta, ni una mano vacía que se extiende. Sino más bien un corazón inflamado y un alma encantada. No es la imagen que quisieran ver, ni la canción que quisieran oír. Más bien, es una imagen que ven aunque cierren los ojos, y una canción que oyen aunque tapen sus oídos.

No es nada externo. No es nada que veas con los ojos o que oigas con los oídos o que toques con las manos; es algo que... Cuando estás sentado en profundo silencio con los ojos cerrados, con los oídos cerrados, como si todo tu cuerpo hubiera desaparecido, sólo queda la conciencia pura, en esa pureza, en esa inocencia, en ese éxtasis está la belleza.

> No es la savia bajo la arrugada corteza, ni un ala atada a una garra. Sino más bien un jardín eternamente en flor, y una multitud de ángeles eternamente en vuelo.

No es nada que cambie permanentemente. Lo que cambia permanentemente es sólo un reflejo. La luna permanece igual pero su reflejo en el lago cambia continuamente, cualquier piedrecita que se lance rompe el reflejo en mil pedazos.

A veces ves la belleza en un rostro, pero pronto el rostro envejece y la belleza desaparece; era sólo un reflejo. En una flor, en una mujer hermosa, en un hombre bello, en un niño, en las altas montañas, en los bosques silenciosos, todos ellos son reflejos que van cambiando. Pero lo que es reflejado está escondido dentro de ti y nunca cambia. Es una danza de la eternidad, para siempre jamás.

> Pueblo de Orphalese, la belleza es la vida cuando la vida revela su rostro sagrado.

Todo el mundo vive con una máscara puesta. Nadie hace el esfuerzo por descubrir su rostro original. La máscara es barata y no requiere esfuerzo. Cuando se envejece se puede remplazar. Está disponible en el mercado.

Pero tu rostro original requiere una búsqueda enorme, un esfuerzo arduo para penetrar en tu interior, para eliminar todas las barreras que la sociedad ha creado y llegar a un punto que no fue creado por la sociedad sino que te fue dado como el don de la existencia misma, que traes contigo desde el nacimiento y que llevarás aun cuando muera el cuerpo.

En ese espacio puro e inmortal dentro de ti hay belleza; es ella tu realidad original.

Una vez que la conoces, posees la vida, vives al rojo vivo. No vives como viven las masas. Comienzas a vivir como un dios. Te conviertes en un santuario sagrado.

> ...La belleza es la vida cuando la vida revela su rostro sagrado. Mas ustedes son la vida, y ustedes son el velo.

Nadie te lo impide, puedes recuperar tu rostro original en este mismo momento. Pero es posible que hayas invertido en tu máscara, tal vez te hayas apegado a tu falso rostro, o tal vez sientas temor de que no haya un rostro original detrás, o sólo un esqueleto. Y es mejor tener un rostro postizo que no tener rostro en absoluto... Ésos son los temores que te frenan. De lo contrario, *ustedes son la vida, y ustedes son el velo.*

> La belleza es la eternidad contemplándose a sí misma en un espejo.
> Mas ustedes son la eternidad, y ustedes son el espejo.

Kahlil Gibran está intentando decirle al poeta: no busques la belleza afuera. Afuera puedes encontrar cosas bellas, pero no la belleza. Y esas cosas bellas son bellas porque tu belleza interior se refleja en ellas; es por eso que las personas difieren en sus opiniones.

Hay millones de personas que no se detienen ni por un segundo a ver un bello atardecer, no le ven nada especial. Hay sólo unas pocas personas para quienes el atardecer es una bella experiencia; pero esa belleza es en realidad un reflejo; el atardecer no es nada más que un espejo. Y si estás contemplando el atardecer en silencio, sin que interfieran los pensamientos que continuamente pasan interrumpiendo la imagen, el atardecer es hermoso... Cierta mujer es hermosa, cierto hombre es hermoso.

¿Alguna vez te has dado cuenta del hecho de que la misma mujer que hoy es hermosa puede no serlo mañana, o hasta puede convertirse en un dolor de cabeza? Hoy estás ansioso por conquistarla y mañana puedes estar ansioso por deshacerte de ella. Qué extraño... ¿Qué pasó con la belleza?

La belleza está dentro de ti. Cuando le das a la mujer la libertad de ser ella misma, o al hombre la libertad de ser él mismo, funciona como un espejo. En el momento en que comienzas a decir: «Deberías ser así, o deberías ser asá», no le estás permitiendo a la mujer o al hombre ser un espejo, estás convirtiéndolos en la película de una cámara.

El espejo siempre está vacío y es por eso que puede seguir reflejando continuamente hasta la eternidad. La película se agota con sólo un reflejo, pues se pega a ese reflejo. No es un espejo.

Si permitimos que nuestras relaciones con las personas se basen en esa maravillosa comprensión que hay que permitir... Que al otro se le debe dar libertad total de seguir siendo lo que él o ella es, tal vez se revelaría más y más belleza en cada momento.

Cuando las personas no son posesivas con el otro, perciben la belleza. En el momento en que se casan las cosas comienzan a complicarse porque sale a relucir la posesión. Y siempre ves lo que quieres ver. Cuando la mujer no estaba disponible para ti, era un reto, y cuanto más grande el reto, más bella te parecía. Pero una vez que está encadenada y se acaba el reto, la belleza desaparece. Los mejores amantes son aquellos que nunca se encuentran. Encontrarse es una tragedia.

Parece que en la vida todo aquello que te parece bello sólo es bello porque no te pertenece; la hierba es más verde del otro lado de la cerca. No es un hecho cierto, pues el vecino tiene el mismo problema. Cuando él ve tu césped, le parece que la hierba es más verde. Es el espejismo que genera la distancia.

Pero no es ésta la verdadera experiencia de la belleza. El único que puede vivir la belleza es aquel que no necesita ni desea poseer.

Estar enamorado y ser completamente libre... La humanidad aún no ha llegado a esa etapa.

10

La religión: el templo de la vida diaria

Y un anciano sacerdote dijo:

—Háblanos de la religión.

Y él dijo:

—¿Acaso he hablado de otra cosa hoy?, ¿no es religión acaso todos nuestros actos y reflexiones?, ¿y todo lo que no es acto ni reflexión sino aquel asombro y aquella sorpresa que permanentemente brotan del alma, aun cuando las manos tallan la piedra o manejan el telar?, ¿quién puede separar su fe de sus actos, o su creencia de sus ocupaciones?, ¿quién puede extender sus horas delante de sí, diciendo: «Ésta es para Dios, y ésa es para mí; ésta es para mi alma, y ésa es para mi cuerpo?». Todas sus horas son alas que baten a través del espacio de un ego a otro ego. Aquel que viste su moralidad como viste sus mejores ropas, mejor sería que anduviera desnudo. El viento y el sol no abrirán agujeros en su piel. Y aquel que define su conducta por la ética, encarcela a su pájaro cantor en una jaula. La más libre de las canciones no cruza a través de barrotes y alambres. Y aquel para quien el culto religioso es una ventana para abrir, pero también para cerrar, no ha visitado aún el santuario de su alma, cuyas ventanas permanecen abiertas de aurora a aurora. Los sacerdotes son tal vez las únicas personas en el mundo que no saben nada de la religión, pues hacer de Dios una profesión es simplemente increíble. El amor nunca podrá ser una profesión.

Los sacerdotes pertenecen a la misma categoría que las prostitutas. Tal vez las prostitutas sean mejores que los sacerdotes, pues ellas venden solamente su cuerpo, su lujuria, pero no su amor. Pero los sacerdotes venden la forma más sublime del amor, que se conoce como Dios. Naturalmente no saben nada sobre Dios. Pero *saber sobre* Dios y *conocer a* Dios son cosas completamente diferentes. «Saber sobre» es prestado. Hay cosas que no pueden tomarse prestadas. No puedo darte mi sed; tampoco puedo darte mi bienestar. No puedo invitarte a entrar en mi alma más recóndita. Allá entra uno absolutamente solo.

Pero los sacerdotes han convertido la idea de Dios en una gran profesión; tal vez sean peores que las prostitutas. Sin sacerdotes no hubiera habido prostitutas. Es por su causa que las prostitutas existen.

La prostitución es un producto secundario del matrimonio forzoso, y los sacerdotes crearon el matrimonio forzoso. No lo llaman matrimonio forzoso, lo llaman matrimonio concertado. Pero ¿quién tiene el derecho de concertar un matrimonio así? El amor conoce su propio camino. No necesita astrólogos, ni sacerdotes ni quirománticos; el amor encuentra su propio camino.

Es estúpido decir que el amor es ciego. Esa idea de que el amor es ciego fue concebida por los que quieren servir de guía a los ciegos. La lujuria es ciega y el amor es lo contrario: percepción clara. Cuanto más amas, más clara y profunda es tu percepción.

Pero cada vez que se crea una institución forzada, al margen ocurre algo deplorable, pues el ser humano no puede permanecer en la esclavitud. Y si el matrimonio se convierte en esclavitud, entonces el ser humano exige cierta libertad. Y esa libertad ha destruido a millones de mujeres.

En Occidente, como consecuencia del movimiento de libera-
ción femenina, ha surgido una nueva institución: la prostitución
masculina. Si los hombres y las mujeres son iguales, ¿por qué sólo
son prostitutas las mujeres? ¿Por qué no debería haber también
hombres practicando la prostitución? En ciudades como Londres
y San Francisco se encuentran también varones que practican
la prostitución. La mujer está saliendo de la esclavitud, como
siempre ha sido el caso del hombre, pero es lamentable. ¿Quién
tiene la responsabilidad? Los sacerdotes son los responsables.

No hay necesidad de sacerdotes en el mundo, no tienen ninguna
función. Por definición, el sacerdote es el mediador entre Dios y tú,
pero ¿qué necesidad hay de un mediador? Eres hijo de Dios; ¿qué
hijo necesita un mediador ante su propia madre o su propio padre?
Tal vez no sea muy elocuente en su comunicación, pero hasta su
comunicación poco elocuente es mucho más bella, real, inocente
y sincera que la de un mediador.

Primero, los sacerdotes crearon la idea de Dios. Es una de las
hipótesis más innecesarias. Nadie necesita a Dios. Sí, todo el mundo
necesita la divinidad, todo el mundo necesita volverse divino, ésa
es la evolución más completa de la humanidad, la cima más alta
de la conciencia.

Pero a los sacerdotes no les interesa la divinidad, pues la divinidad es una cualidad que tiene que crecer en el interior de tu alma.
Necesitan un Dios lejano, en el cielo. Una vez que has aceptado
la idea, entonces seguramente el Dios estará muy lejos —nunca
lo has visto, no tienes idea de qué es Dios—, entonces necesitas a
alguien que te dé una definición de Dios, que te dé rituales que te
conduzcan a Dios; necesitas a alguien que te guíe. El Dios es una
farsa, pero el guía necesita al Dios, pues, de lo contrario, ¿quién va
a ser explotado en nombre de Dios?

En nombre de Dios se han cometido más crímenes que en
cualquier otro nombre. Millones de personas han sido asesinadas,

quemadas vivas, sólo por un nombre sin contenido. Pero el sacerdote lo necesita. Sin Dios, el sacerdote y su templo y sus rituales y sus escrituras —sagradas escrituras— desaparecerían. Es algo muy extraño: los hindúes piensan que sus Vedas fueron escritas por Dios, los judíos piensan que su Torah fue escrita por Dios, los cristianos piensan que su Biblia fue escrita por Dios, y lo mismo ocurre con todas las religiones. Pero todas esas escrituras son tan contradictorias que, o Dios está loco o todas son invenciones de los sacerdotes. Y los diferentes sacerdotes en diferentes culturas, en diferentes sociedades, tuvieron que inventar ideas diferentes.

Por ejemplo, en la India el paraíso siempre es fresco. En esa época no se conocía la expresión «aire acondicionado», pero la descripción es, exactamente, como si el paraíso de los hindúes tuviera aire acondicionado, aire acondicionado central. Puesto que la India sufre tanto por el calor del sol, el sacerdote tiene que brindarles una idea atractiva a los que sufren por el sol. Pero el sacerdote tibetano no puede creer que el paraíso tenga aire acondicionado. El sacerdote tibetano tiene un paraíso muy cálido con un cielo siempre soleado, nunca nublado, y sin nieve... ¡y ambos están hablando del mismo paraíso!

Pero se están dirigiendo a pueblos diferentes y tienen que satisfacer sus necesidades. Entonces no es que estén definiendo a Dios o el paraíso, sino que simplemente te están consolando. Los hindúes tienen en su infierno el fuego eterno, desde luego, para los pecadores; el fuego los quema pero no los mata y siguen quemándose por toda la eternidad. La muerte hubiera sido una gran bendición, pero el fuego quema, no mata. Y los tibetanos tienen en su infierno nieve todo el año y un frío terrible. No se necesita mucha inteligencia para darse cuenta de que estas personas no están conscientes de la realidad. Pero ciertamente están conscientes de las necesidades de la gente...

Y si algo se repite una y otra vez a lo largo de miles de años, comienza a convertirse en verdad. Adolf Hitler decía: «Yo no veo ninguna diferencia entre la verdad y la mentira. La única diferencia es que la verdad es una mentira repetida con tanta frecuencia a lo largo de los siglos que la mentira se convierte en una nueva verdad». Requiere algún tiempo para surtir efecto en el corazón. En el nombre de Dios han estado infundiéndole temor a todo el mundo; y un ser humano que vive atemorizado no vive. El temor es exactamente lo contrario de la libertad.

El ser humano puede vivir solamente en libertad. El temor le encoge el alma. Constantemente tiene miedo de hacer cualquier cosa, porque todo lo que puede disfrutar, todo lo que puede sentir que es bello, se condena.

Ha habido todo tipo de idiotas en el mundo. En Inglaterra, en la era de la reina Victoria, las damas estaban fuertemente sometidas a la influencia de los sacerdotes... por la simple razón de que los hombres eran libres de ir a cualquier parte y las mujeres eran libres sólo de ir a la iglesia. Naturalmente estaban más y más condicionadas por la iglesia. En la época victoriana se usaban vestidos hasta para los perros. Cuando iban a dar un paseo matutino con el perro, lo cubrían con bellos trajes. ¡Un perro desnudo era una obscenidad! No sólo eso, sino que cubrían hasta las patas de las sillas. No podían estar desnudas, pues era obsceno. ¡Pobre silla!

Los sacerdotes son las personas más venenosas del mundo. Han dividido a la humanidad, le han enseñado supersticiones a la gente, ideas locas. Y aquí un viejo sacerdote pidió:

—Háblanos de la religión.

Los sacerdotes no saben qué es la religión. Proviene de la ignorancia. He conocido sacerdotes y monjas de toda clase de religiones; son las personas más ignorantes en cuanto a la religión. Repiten como loros, pero para ellos la religión no ha sido una experiencia.

La palabra «religión» es muy bella, pero a causa de los sacerdotes ha caído en malas compañías. La palabra viene de una raíz que significa «unirse». Pero los sacerdotes han estado haciendo exactamente lo contrario. Crean divisiones en la gente, no unión.

La religión significa crear una unión orgánica en el ser humano. No tiene nada que ver con Dios; tiene que ver contigo. No tiene nada que ver con la adoración, tiene que ver con la transformación de tu propia conciencia.

No debería haber ningún conflicto en ti. Todo lo que hagas deberías hacerlo en su totalidad, con tu integridad. Así, ya sea que estés cortando madera o sacando agua de un pozo —no importa lo que estés haciendo—, si lo estás haciendo íntegramente, plenamente, es religión. La religión vuelve al ser humano sano e íntegro.

Pero tus religiones han enfermado al ser humano, lo han dividido y lo han vuelto esquizofrénico. Y hay razones para ello, pues un hombre sano e íntegro no puede ser esclavizado y no puede ser explotado. Tiene una individualidad propia y un estilo de vida propio. No es ni cristiano ni hindú ni mahometano. Es simplemente un hijo del universo, como todo el mundo. Nadie está más arriba y nadie está más abajo, nadie es *brahmin* y nadie es *sudra*. Pero los sacerdotes desaparecerán...

En su corazón, los sacerdotes han estado rogando que el ser humano no salga nunca de su enfermedad, de su insalubridad, de su demencia, pues son ésas las personas que van al templo, a la mezquita, a la sinagoga, a la iglesia. Rara vez se encuentra gente joven en las iglesias, pero siempre se encuentran ancianos y ancianas, pues la muerte se acerca y sólo el sacerdote sabe cómo ayudarles. Y los sacerdotes siguen aparentando saber.

La religión no tiene nada que ver con el así llamado mundo ordinario; tiene que ver con tu psiquis, con tu espíritu. Deberías ser una unidad orgánica. De esa unidad orgánica surge música celestial.

Y él dijo:

—¿Acaso he hablado de otra cosa hoy?

Le está diciendo al sacerdote: «No me ha escuchado. ¿De qué otra cosa he estado hablando hoy? He hablado del amor, he hablado de la creatividad, hablado de la conciencia, hablado de la libertad».

Pero la mente del sacerdote no considera que estas cosas sean religiosas. Él cree que hay que hablar de Dios, hablar del cielo y el infierno, hablar de la teoría del karma, hablar de la reencarnación, y todas esas cosas no son más que palabras sin ningún contenido.

Al-Mustafá habla de la religión auténtica. Le di este libro, *El Profeta*, a un colega en el departamento de filosofía de la universidad. Él enseñaba religión. Miró el contenido y dijo:

—¿Por qué me dan este libro a mí? No es sobre religión. El amor, la libertad, la creatividad, la relación entre padres e hijos, no veo nada ahí sobre religión.

Yo le dije:

—No sabe nada de religión, ¡y ha estado enseñándola veinte años! No sólo está usted en la oscuridad sino que ha estado esparciendo la oscuridad entre la gente. Ésos son los auténticos asuntos de la religión. Dios no lo es y tampoco el cielo o el infierno.

Sobre su mesa vi un libro que estaba leyendo; era *El Cielo y el Infierno*, de Swendenborg. Eso sí es «religión». Pero ¿qué sabe ese tipo Swendenborg sobre el cielo y el infierno? ¡Es ficción! Así que lo primero que hay que recordar es que la religión no es ficción. No te enredes con ideas ficticias.

La religión es una realidad, una realidad del día a día, una realidad vivida de momento a momento. Puedes vivir tu vida religiosamente, o puedes vivirla irreligiosamente; pero una vez más, recuerda, la definición no debe venir de los sacerdotes, la definición debe venir de los místicos.

Si les preguntas a los sacerdotes: «¿Qué es vivir religiosamente?», te dirán: «Es ir a la iglesia todos los domingos». ¿Y qué es la iglesia? Es una especie de club rotario religioso. Tiene una función social;

la gente se reúne a chismear, y eso está bien. ¿Qué más se puede hacer los domingos? Y el hecho de ir todos los domingos te trae respetabilidad.

Los hindúes tienen otro enfoque: ir al templo cualquier día, a cualquier hora. Pero el sacerdote tiene que dormir también; así que los sacerdotes hindúes se han inventado una idea, que no existe en ninguna otra religión: que Krishna se despierta en la mañana y en la noche se va a dormir, así que no puedes ir al templo en la noche. En realidad es el pobre sacerdote el que necesita dormir; de lo contrario, habría algunos idiotas que irían en plena noche o a cualquier hora.

La estupidez humana no tiene límites. Yo estaba en Punjab hospedado en casa de un amigo. Cuando pasé por una habitación que servía de pequeño templo, no podía creer lo que estaba viendo; nunca me había sentido tan triste en cuanto a los seres humanos. Los Sikh no tienen estatuas en sus *gurudwaras*; adoran un libro, su libro sagrado, *Guru Granth Sahib*. No podía creer lo que estaba viendo. *Guru Granth Sahib*, el libro, estaba ahí, y justo en frente había un cepillo de dientes y crema dental.

Yo dije:

—¡Nunca en la vida habría pensado que la pasta dental y el cepillo de dientes tuvieran un significado religioso!

Mi amigo me contestó:

—Lo tienen. *Guru Granth Sahib* se despertará y lo primero que hará es cepillarse los dientes.

Yo le dije:

—Eres un completo idiota, eso no es más que un libro. Si los hindúes le llevan comida a su dios, por lo menos hay alguna relación, por lo menos el dios es la estatua de un hombre, aunque el dios nunca coma; sin embargo, existe cierta relación. Pero un libro... Después de la crema dental, ¿qué? ¿Tal vez una taza de té? Y después el almuerzo, un refrigerio, la cena.

Le pregunté a mi amigo:

—¿Alguna vez te has preguntado qué es lo que estás haciendo?

Pero la religión es una ficción; la religión que ha sido inventada y enseñada por los sacerdotes no tiene ninguna relación con la realidad. Es por eso que el sacerdote no entendía que Kahlil Gibran hablaba de la religión y de nada más.

> ¿No son religión acaso todos nuestros actos y reflexiones?

No es cuestión de venerar; es cuestión de vivir. Todos tus actos, todos tus pensamientos, deberían ser religiosos. Pero nunca le preguntes al sacerdote, pues si tus pensamientos tienen que ver con la belleza, la verdad, el amor, él te dirá que no son religiosos. Si tus actos se originan en la compasión, si tus actos no expresan otra cosa que gratitud hacia la existencia, el sacerdote no los calificará de religiosos.

> Y todo lo que no es acto ni reflexión sino aquel asombro y aquella sorpresa...

Los actos son lo más marginal, la periferia de tu ser; los pensamientos están en un lugar un poco más profundo. Pero hay ámbitos aún más profundos: el asombro y la sorpresa. Ninguna religión dice que el asombro y la sorpresa sean religiosos, que sean virtuosos. Pero yo te digo: no hay nada más religioso que unos ojos llenos de asombro al admirar una bella flor.

Es tan increíble; de la tierra, que no tiene colores, que no tiene fragancia, que no tiene verdor, surge un árbol con hojas verdes que trae flores de diferentes colores y diferentes fragancias y frutos. Es un milagro ver un árbol, pues el árbol resiste la gravedad, y la gravedad impulsa todo hacia abajo. El árbol ni siquiera está sujeto como tú a la esclavitud de la gravedad; el árbol crece más y más alto. Parecería que su destino es llegar a las estrellas.

En África, donde hay bosques muy frondosos, los árboles crecen muy alto, sólo para saludar al sol y a la luna. Los bosques son tan frondosos que si eres un arbolito o un pequeño arbusto no tienes ni la menor posibilidad de ver el cielo estrellado, de ver un bello amanecer o una hermosa puesta del sol. Los árboles siempre son religiosos. Hasta los animales se asombran, llenos de curiosidad; a su manera también están explorando y buscando algo.

En Suiza, en una estación pequeña, hay una estatua de un perro. El perro era de un hombre que iba a la ciudad todos los días a trabajar y vivía en una aldea pequeña. El perro lo despedía todas las mañanas y cuando regresaba por las noches, el perro lo esperaba en el andén de la estación para darle la bienvenida.

Pero un día el hombre se fue y nunca volvió. Ocurrió un accidente y el hombre murió. El perro lo esperó. El tren llegó; el perro entró en cada compartimento con lágrimas en los ojos, buscando a su dueño. Todos los pasajeros salieron pero el perro no se iba. Esperó el próximo tren, tal vez el hombre había perdido su tren.

No comía nada, no bebía nada, y cada día durante siete días estuvo sentado en el mismo lugar. Al principio el jefe de la estación y el personal trataron de ahuyentarlo, pero poco a poco se dieron cuenta de que no servía de nada. Derramando lágrimas constantemente, el perro examinaba cada tren un día sí y otro también. No pasaba un solo día sin que entrara y buscara en cada compartimento. El séptimo día, hambriento —pues solía comer con su amo—, murió en el mismo lugar, esperando.

¿Puedes afirmar que ese perro no era religioso? Conocía lo que es el amor mejor que los seres humanos. Sabía lo que es la amistad, sabía lo que es la dedicación. Y los pobladores y el jefe de la estación se dieron cuenta de que habían sido muy crueles al tratar de ahuyentarlo. Como signo de arrepentimiento hicieron una estatua del perro, que sigue esperando, los ojos fijos en el mismo compartimento del que solía salir su amo.

La religión es algo muy vasto. No se limita a ninguna religión, a ningún templo, a ninguna mezquita; no se restringe a ninguna escritura. Es una cuestión de conciencia. ¿Estás lleno de asombro como un niño pequeño? ¿Hay algo que te sorprende? Si no hay nada que te sorprenda o que te llene de asombro, estás muerto. De lo contrario, toda la existencia es tu templo. Los árboles meditan, los pájaros rezan, las estrellas continuamente rotan en torno a un centro que la ciencia aún no ha logrado descubrir; tal vez su movimiento no sea más que una oración.

Como yo lo veo, la religión no es teología; es más poesía, más misticismo, más inocencia, más asombro, más sorpresa.

> ...Aquel asombro y aquella sorpresa que permanentemente brotan del alma, aun cuando las manos tallan la piedra o manejan el telar.

Puedes estar haciendo cualquier cosa mientras tu corazón medita. El gran místico indio, Kabir, era tejedor. Tenía miles de discípulos que le decían una y otra vez:

—No se ve bien que nuestro maestro siga tejiendo vestidos, y que cada día de mercado vaya al mercado y se siente en la calle a vender ropa. Estamos contigo; podemos satisfacer todas tus necesidades, todo lo que necesites.

Kabir reía y les decía:

—Ustedes no entienden porque sólo pueden ver lo que ocurre exteriormente. Cuando estoy tejiendo la tela, en el fondo de mi corazón sé que estoy tejiendo para Dios. En el fondo de mi corazón sé que debo ir al mercado pues ese Dios desconocido puede presentarse camuflado de cualquier manera, como un cliente. Nunca se dirigía a sus clientes de ninguna otra forma que «Dios». Les decía:

—¿Has venido, entonces? He trabajado para ti siete días. Y recuerda, esto no es sólo una tela, he incorporado mi corazón en el tejido. Cuídalo. Lo he hecho con enorme amor, con una gran oración. No sabía en qué disfraz te presentarías, pero has llegado; quien quiera que venga es una forma de Dios. Ésa es mi religión. Soy tejedor; tejer en silencio, con una oración en el corazón, ésa es mi religión.

Así que no depende de lo que estés haciendo.

> ¿Quién puede separar su fe de sus actos o su creencia de sus ocupaciones?

Pero es eso lo que está ocurriendo en todo el mundo: tu fe no está en tus acciones, tus creencias no están en tus ocupaciones. Las has separado. Has encarcelado a Dios en un templo. De vez en cuando vas allá, y el resto del tiempo no hay ni el más mínimo movimiento en tu corazón por Dios.

A no ser que todos tus actos se conviertan en tu fe, en tu confianza; a no ser que tus esfuerzos estén llenos de amor y oración, no sabrás qué es la religión. La religión que conoces es falsa, y los sacerdotes que conoces no saben nada de la verdadera religión. No son personas que sepan qué es la religión.

Había un místico que era alfarero. Su nombre era Gorakh. Aun después de su iluminación siguió fabricando bella alfarería. Muchas veces sus discípulos le dijeron:

—Usted no se ve bien.

Él dijo:

—Yo soy alfarero. Puedo verter mi amor y mi creatividad y el canto de mi corazón solamente en la creación de bellos tiestos, y me siento muy feliz cuando Dios viene a llevárselos. Es por eso que no tengo que ir a ningún templo; Dios mismo llega a mi casa usando muchas máscaras. Y puesto que los objetos de barro son creados para Dios, deja de ser sólo una ocupación. Se ha convertido en fe, se ha convertido en religión.

¿Quién puede extender sus horas delante de sí, diciendo: «Ésta es para Dios, y ésa es para mí; ésta es para mi alma, y ésa es para mi cuerpo»?

La mente que piensa en términos de tales divisiones no es una mente religiosa. La mente que piensa que algo es profano y otra cosa es sagrada no es religiosa.

No puedes decir: «Esto es para Dios y eso es para mí», porque el que conoce a Dios se olvida de sí mismo; no sólo se olvida de sí mismo sino que no se encuentra en absoluto. O *tú* existes o Dios existe. Ambos no pueden existir al mismo tiempo; no hay coexistencia posible. Si *tú* eres, entonces Dios es un fraude. Sólo tu desaparición permitirá que Dios sea una realidad, que Dios sea verdad. Y no puedes dividir: esto es para mi alma y esto para mi cuerpo. No son dos cosas separadas; se encuentran en Dios.

¿Entiendes este simple punto? Por miles de años has sido dividido de muchas maneras, el cuerpo es separado, tú eres separado. ¿Pero puedes vivir un momento sin respirar? La respiración es una función del cuerpo, no del alma. De la misma manera como el cuerpo no puede vivir sin el alma —pues muere, regresa a los elementos fundamentales de la vida: el aire al aire, el fuego al fuego, la tierra a la tierra, el agua al agua, el cielo al cielo—, asimismo sin el cuerpo el alma no puede permanecer ni un sólo momento. No son dos; se encuentran en Dios, están unidos por Dios.

Entonces no digas «esto es para mi cuerpo y esto es para mi alma»; eres una sola unidad. Respeta tu cuerpo de la misma manera como respetas tu alma. Tu cuerpo es tan sagrado como tu alma. En la existencia todo es sagrado porque todo palpita con el latir del corazón de la divinidad.

Todas sus horas son alas que baten a través del espacio de un ego a otro ego.

De momento a momento te desplazas de un estado de conciencia a otro estado de conciencia. El cuerpo puede estar profundamente dormido, pero también está consciente. Lo sabes cuando, estando dormido, un mosquito te molesta, y particularmente en Puna, donde sólo hay dos tipos de seres que te puedan molestar: los mosquitos y la policía; en realidad pertenecen a la misma categoría. Al menos los mosquitos son un poco más caballerosos: antes de chuparte la sangre bailan a tu alrededor, cantan a tu alrededor, pagan el precio; y además no cargan pistolas. Permaneces dormido y con la mano retiras al mosquito. El cuerpo tiene su propia conciencia.

Los científicos dicen que el cuerpo tiene millones y millones de células vivas; cada célula tiene su propia vida. Has perdido la capacidad de asombrarte; si no fuera así, te asombrarías primero de todo, de tu propio cuerpo, de cómo el cuerpo convierte el pan en sangre. Hasta ahora no hemos logrado encontrar una fábrica en la que puedan convertir el pan en sangre. Y no sólo eso: puede separar lo que tu cuerpo necesita y lo que no necesita. Lo que no necesita lo elimina, y lo que necesita lo necesita para diferentes funciones.

El cuerpo abastece lo que requieren los diferentes lugares, las diferentes partes del cuerpo. Tú comes los mismos alimentos para todas tus necesidades. Con esos mismos alimentos se hacen tus huesos, se hace tu sangre, se hace tu piel, se hacen tus ojos, se hace tu cerebro, y el cuerpo sabe perfectamente lo que se necesita y dónde se necesita. La sangre circula continuamente, distribuyendo químicos determinados para partes determinadas.

No sólo eso: el cuerpo sabe también las prioridades. La primera prioridad es el cerebro, de ahí que si no hay suficiente oxígeno, el cuerpo le dará el oxígeno primero al cerebro. Las otras partes son más resistentes y pueden esperar un poco, pero las células del cerebro no son resistentes. Si no reciben oxígeno durante seis minutos, se mueren y una vez muertas no se pueden revivir.

Es un enorme trabajo de inteligencia estar alerta a las diferentes funciones. Cuando tienes una herida, el cuerpo deja de abastecer ciertas partes capaces de sobrevivir, pues primero hay que curar la herida. Inmediatamente las células blancas se precipitan a cubrir la herida para que no esté expuesta. Y por dentro, el trabajo, el delicado trabajo, continúa.

La ciencia médica sabe que aún no somos tan sabios como el cuerpo. Los médicos más eminentes han dicho que no podemos curar el cuerpo, que el cuerpo se cura a sí mismo, nosotros sólo podemos ayudarlo. A lo sumo nuestras medicinas pueden ayudar un poco, pero la curación fundamental viene del mismo cuerpo.

Es un milagro lo que sucede. Es un trabajo inmenso. Gracias a un amigo científico que estudia las funciones del cuerpo, he aprendido que si quisiéramos ejecutar todas esas funciones necesitaríamos una fábrica de casi un kilómetro cuadrado con muchos mecanismos complejos, muchas computadoras. Y ni siquiera entonces podríamos estar seguros de tener éxito... ¡y las religiones han estado condenando el cuerpo y diciendo que cuidar el cuerpo es impío!

Los monjes jaina no se bañan porque significa cuidar el cuerpo, y eso es materialismo. No se cepillan los dientes. *Guru Granth Sahib* se cepilla los dientes, pero los monjes jaina no se cepillan los dientes. Antes iban conmigo y yo tenía que decirles:

—No se ofendan, pero siéntense tan lejos como puedan, pues huelen mal.

Se desplazan desnudos por los caminos polvorientos de la India al sol ardiente, transpirando, cubriéndose de polvo, sin enjuague bucal, sin bañarse, ¡y son venerados por tales estupideces! Porque habiendo renunciado al cuerpo, no les importa el cuerpo. Ni siquiera saben qué es el cuerpo; nunca se han preguntado sobre sus milagros. Entonces no digas: «Esto es para mi alma y esto, para mi cuerpo». Eres uno solo.

Primero, internamente hazte uno con tu cuerpo y después hazte uno con la existencia entera. El día en que el latido de tu corazón esté sincronizado con el universo y su latido, habrás encontrado la religión; no antes.

> Aquel que viste su moralidad como viste sus mejores ropas, mejor sería que anduviera desnudo.

Hay gente que cree que puede ser moral sin ser religiosa. La moralidad es sólo una sombra que sigue a la persona religiosa, y no lo contrario. No es que tengas que ser moral primero para después volverte religioso. Es eso lo que los sacerdotes han estado enseñándote: ¡primero, sé moral! Están poniendo el carro adelante de los novillos. Y si no has avanzado —si no ha habido ninguna evolución— no habrá nada que te pueda sorprender. La moralidad es una cosa muy pequeña.

Si tu conciencia asciende a la altura de la religión, la moralidad la seguirá por su cuenta. La moralidad crece como las hojas en los árboles; simplemente riegas los árboles. Cuidas las raíces. No tienes que quitarles las hojas a los árboles, pues los destruirás. Ellas mismas se caen cuando llega el momento. No tienes que preocuparte por ellas. Pero todos los así llamados sacerdotes enseñan moral, y es por eso que la gente se ha vuelto hipócrita. Nunca he encontrado un hombre moral que no sea hipócrita. Sólo la persona religiosa es auténticamente moral.

Aquel que viste su moralidad como viste sus mejores ropas... Las personas usan su moralidad como decoración para su respetabilidad. Kahlil Gibran tiene razón cuando dice: «Mejor sería que anduviera desnudo». Por lo menos en su desnudez sería natural y no un hipócrita. Y del ser natural se puede avanzar hacia el ser religioso, mientras que de la hipocresía no se puede avanzar a ninguna parte, es un callejón sin salida, no va a ningún lado.

La persona moral nunca está alegre; siempre está triste. Es una consecuencia natural de pararse en la cabeza. Si la existencia hubiera querido que te pares en la cabeza, te hubiera dado piernas en la cabeza. Pero hay idiotas que están intentando perfeccionar la naturaleza.

Nunca he visto ni un solo *yogi* en toda India que demuestre la más mínima inteligencia, pues pararse en la cabeza altera todo el sistema, toda la sabiduría del cuerpo; demasiada sangre se precipita hacia la cabeza por la gravedad. No es necesaria tanta sangre; inunda... Si la mente se inunda de sangre, sus tejidos delicados, que crean la inteligencia, se destruyen. Los animales no han podido crear inteligencia por la simple razón de que son seres horizontales; todo su cuerpo recibe la sangre en proporciones iguales.

¿Alguna vez te has preguntando por qué usas almohada por la noche? Sin la almohada no puedes dormir porque continúa circulando demasiada sangre y la cabeza está más baja que el cuerpo. Y esa sangre altera todo el mecanismo; no puedes dormir. Necesitas almohada para mantener la cabeza un poquito más alta para que reciba la proporción correcta de sangre.

Nunca seas hipócrita; no importa cuál sea el precio que debas pagar, es mejor pagarlo. La hipocresía es barata —no tienes que pagar nada por ella—, pero estarás destruyendo toda tu alma y tu posibilidad misma de crecimiento.

El viento y el sol no abrirán agujeros en su piel.

No te preocupes. Aun si estás desnudo, el viento y la lluvia y el sol no abrirán agujeros en tu piel.

La hipocresía impide que la realidad te toque; se convierte en una barrera. Sí, te proporciona respetabilidad, pero ¿qué vas a hacer con la respetabilidad? No tiene un significado esencial.

Y aquel que define su conducta por la ética encarcela a su pájaro cantor en una jaula.

Escucha a tu esencia y no a los así llamados sacerdotes y predicadores. Te brindarán los bellos atuendos de la moralidad y la conducta ética, pero destruirán el meollo mismo de tu ser, o por lo menos impedirán que tomes contacto contigo mismo. Y no tener contacto contigo mismo significa que se te habrá escapado toda la vida.

La más libre de las canciones no cruza a través de barrotes y alambres.

La canción más libre no puede salir de la esclavitud, de la prisión. Es simplemente imposible. Sólo la libertad se convierte en canción, y esa canción es la oración que sale de tu libertad.

Y aquel para quien el culto religioso es una ventana para abrir, pero también para cerrar, no ha visitado aún el santuario de su alma, cuyas ventanas permanecen abiertas de aurora a aurora.

La religión no es una ventana; no es cosa de domingo. No es que, de las veinticuatro horas, te vuelvas religioso una hora y las otras veintitrés horas hagas todo lo que sea irreligioso. ¿Crees que una hora de falsa religiosidad pueda superar las veintitrés horas de deshonestidad sincera? Si en el último momento te das cuenta de que toda tu veneración ha sido en vano, la responsabilidad será tuya y de nadie más. Tu oración, tu meditación, debe ser *de aurora a aurora*.

Se relata un bello incidente de la vida de Gautama Buda. Uno de sus discípulos más cercanos, Ananda, era también su asistente. Dormía en el mismo cuarto que él. Seguía a Gautama Buda como una sombra las veinticuatro horas del día. Estaba perplejo por una cosa: que Buda dormía en cierta posición que se conoce como la «posición del león» por el Buda. Permanecía toda la noche en la misma posición. No se volteaba ni se agitaba.

Ananda lo observó muchas veces, se levantaba durante la noche, pero Buda permanecía siempre en la misma posición. Un día le dijo:

—Me intriga demasiado una cosa, y tengo que preguntarte. No debería hacerte una pregunta tan tonta, pero me sigue dando vueltas en la mente: pasas toda la noche en la misma postura; ¿duermes, o no?

Buda contestó:

—El cuerpo duerme porque el cuerpo está cansado, pero en cuanto a mi conciencia, no puede dormir. Así que estoy dormido y, sin embargo, una parte de mí sigue vigilante. Y he encontrado la postura adecuada, la postura más reparadora, así que no hay necesidad de cambiarla.

Debes haber observado que cambias de posición muchas veces en la noche si tienes la mente inquieta. Si tu mente está tranquila, cambias menos de posición. Pero si se trasciende la mente totalmente, se puede dormir en una sola.

Las personas me han estado preguntando cómo es que yo me mantengo sentado en la misma postura dos, tres horas cada día, en la mañana y en la tarde, cuando vengo a hablarles. He encontrado la postura adecuada para mis piernas, y cuando estoy hablándoles a las personas estoy completamente absorto en lo que hago y las piernas saben perfectamente que no deben molestarme, y yo no las molesto a ellas. Es un simple acuerdo amistoso.

La meditación no es algo que se hace y después se pasa a otra cosa. La meditación es algo como respirar: cualquier cosa que hagas es aparte, pero sigues respirando.

Las personas vienen a preguntarme: «¿Cuál es el momento adecuado para la meditación, ¿la mañana, la tarde, la noche? ¿Cuánto tiempo se debe meditar?». Están haciendo preguntas erradas.

No es cuestión del momento apropiado. Cuando sea que estés meditando es el momento adecuado, y cuando sea que no estés meditando es el momento inadecuado. Y tampoco es cuestión de cuánto tiempo se debe meditar. La meditación tiene que convertirse en el latido de tu corazón; hasta cuando estás durmiendo, la meditación continúa como una corriente oculta. Así que... *de aurora a aurora*.

He visto muchas así llamadas personas religiosas. En mi pueblo, en frente de mi casa, había una tienda de dulces. E*l hombre era muy religioso*. Todo el tiempo mantenía su rosario en la mano. Para evitar que la gente lo viera, se hizo una bolsa. Mantenía las manos y el rosario dentro de la bolsa y repetía: «Rama, Rama, Rama» con cada cuenta. La cuenta es un dispositivo para contar; de otra manera tendrías que contar: «Rama uno, Rama dos, Rama tres...», y sería difícil y más complicado y podrías olvidar los números. Son ciento ocho cuentas, así que en cada serie habrás invocado el nombre de Dios ciento ocho veces. Después comienza la segunda serie y así sucesivamente.

Mientras hace esto, si entra un perro y él lo ahuyenta, las cuentas continúan, pero se le ha olvidado Rama, y hace algún sonido para que su esposa venga y ahuyente al perro. Si entra un cliente, una mano seguirá haciendo el ritual mientras vende dulces y negocia el precio. Yo me pregunto: ¿qué clase de meditación es ésa? No es meditación; es un sustituto muy malo de la meditación.

Los tibetanos son más inteligentes. No tienen rosarios, tienen una rueda con ciento ocho radios. Siguen haciendo sus cosas y continúan girando la rueda. Cuando la rueda gira más despacio, la vuelven a girar y siguen con su trabajo. Un *lama* se quedó conmigo en mi casa. Yo le dije:

—¿Has oído hablar de la electricidad?

Me contestó:

—¿Por qué preguntas?

Y yo dije:

—¡Esfuerzos innecesarios! Simplemente enchufa tu rueda a la electricidad y seguirá... como los ventiladores siguen andando. No tienes que preocuparte. Aunque salgas, la oración continúa; aunque mueras, la oración continúa.

La gente engaña hasta a la existencia, hasta a su propio ser. Pero es una total falta de inteligencia.

La meditación no significa repetir un nombre, no significa cantar un mantra; significa mantenerse en silencio, centrado, en paz. Entonces puedes hacer cualquier cosa, pero tu silencio interior permanece intacto, tu serenidad permanece incólume. Y ese silencio y esa serenidad interiores se reflejan en tus ojos, en tus manos, en la manera como caminas, en la manera como te sientas, pues te dan gracia y belleza.

Ésa fue la definición de Kahlil Gibran: la belleza no es una necesidad sino un éxtasis. Si tu mundo interior permanece en silencio, vivirás el éxtasis de aurora a aurora; tu vida entera se convertirá en meditación. La meditación no es un ritual. Se habrá convertido en tu vida misma, en tu ser mismo, y entonces todo lo que hagas tendrá gracia, tendrá belleza.

En ese silencio entrarás en contacto con el silencio de la existencia, pues la existencia no entiende sino un lenguaje, el lenguaje del silencio. No entiende el sánscrito ni el hebreo, ni el árabe, ni pakrit ni pali; no entiende ningún otro lenguaje que el del silencio. Cuando no dices nada, se te oye; cuando dices algo, simplemente estás derrochando aliento.

Cuando estás tan silencioso como si estuvieras ausente, ocurre el milagro, lo llamaré el mayor milagro. Cuando estás ausente tienes una presencia que es divina, y lograr esa presencia es ser religioso. El camino a esa presencia es la religión. No está en las escrituras, ni en las sinagogas ni en *gurudwaras*, está en tu interior.

Sí, te lo digo una vez más: el reino de Dios está dentro de ti.

Su vida cotidiana es su templo y su religión. Cuantas veces entran en él, llevan con ustedes todo su ser. Llevan el arado, la fragua, el martillo y la lira. Todas las cosas que modelaron por necesidad o por deleite. Pues en sus ensoñaciones, no pueden elevarse por encima de sus logros ni caer más bajo que sus fracasos. Y llevan con ustedes a todos los hombres. Pues en la adoración, no pueden volar más alto que sus esperanzas ni humillarse más bajo que su desesperación. Y si quieren conocer a Dios, no sean, por lo tanto, descifradores de enigmas. Miren, mejor, a su alrededor y lo verán jugando con sus hijos. Y abran sus ojos al espacio; lo verán caminando en la nube, extendiendo sus brazos en el relámpago y descendiendo en la lluvia. Y lo verán sonriendo en las flores y luego levantando y agitando las manos en los árboles.

Es una desventura que la verdadera religión haya sido destruida, no por los irreligiosos sino por la así llamada gente religiosa del mundo. No por aquellos que no creen en Dios, sino por aquellos que creen en Dios, en el cielo y el infierno y en todas esas tonterías. La verdadera religión no tiene nada que ver con Dios. Tampoco es un ansia de recompensas después de la vida, ni un temor de castigo en el infierno.

La verdadera religión no conoce el pasado, ni el futuro, sino este momento mismo; sólo el presente. La verdadera religión no está ni en los templos, ni en las mezquitas, ni en las sinagogas ni en las iglesias. Aquellos que intentan encontrarla allí hacen esfuerzos en vano. Debe encontrarse, no en algo hecho por el hombre, sino en algo hecho por toda la existencia, incluyendo al hombre mismo. No se puede esculpir una estatua de Dios porque Dios es la fuente misma de la vida, y nada más.

Dios no tiene cara propia, no tiene manos propias, no tiene ojos propios; pero si estás en silencio, en paz, con una actitud amorosa, de repente tus manos van a comenzar a temblar con una nueva fuente de energía. Tus manos se convierten en las manos de Dios, tus ojos comienzan a ver de una manera totalmente diferente, se convierten en los ojos de Dios. Todo permanece igual y, sin embargo, todo cambia porque tú has cambiado. Dios es una manera de vivir, un estilo de vida, vivir en armonía con la existencia.

Dios no es una persona, es simplemente armonizar con la existencia, enamorarse de todo lo que te rodea. La religión verdadera no es más que el amor, sin límites, sin cadenas.

Kahlil Gibran dice:

Su vida cotidiana es su templo...

De hecho, para evitarlo hemos creado los templos. Los templos no son lugares donde vive Dios, son lugares que hemos creado para engañarnos a nosotros mismos. Dios está en todo el espacio, en todas partes; pero para sentirse tan colmado, tan poseído y encantado por Dios requiere coraje, requiere audacia, requiere un corazón libre de estorbos, abierto, disponible, receptivo. Para evitarlo, hemos creado pequeños templos. Estos templos no son para encontrar a Dios sino para evitar a Dios.

Tus religiones no son religión sino una manera de evadir la religión. Son como juguetes, malos sustitutos, muertos, sin vida, sin canto, sin danza. Pero es extraño que toda la humanidad se haya engañado a sí misma. Debe existir alguna razón psicológica profunda.

Me acuerdo de una bella historia de Rabindranath Tagore. Dice:

—He estado buscando a Dios a lo largo de muchas vidas. De vez en cuando lograba vislumbrarlo cerca de una estrella muy muy lejana, y me precipitaba hacia esa estrella. Pero cuando llegaba hasta allá, Él se había ido. De nuevo lo vi en algún lugar muy distante, pero siempre era muy lejos y viajar tales distancias toma tiempo. Y Dios no es nada muerto, es algo que fluye, que se mueve constantemente. Cuando yo llegaba al lugar donde lo había visto, Él ya estaba bailando en otro lugar. Yo oía la danza, oía la música; tocaba la flauta, y yo oía la flauta. Lo vi, pero siempre muy de lejos. Pero yo he seguido... era un reto. Un día iba a encontrarlo. ¿Cuánto tiempo iba a seguir escapándoseme? Y ciertamente un día llegué a una casa hermosa y una placa en la casa decía: «La Casa de Dios». Y yo estaba lleno de felicidad de que mi viaje no hubiera sido en vano, pues lo había encontrado; era cuestión simplemente de andar unos cuantos pasos y llamar a la puerta. Bailando de deleite, pisé esas gradas de mármol. Iba a llamar a la puerta, pero mi mano se quedó como paralizada porque una idea me surgió de repente: si Él abre la puerta y me encuentro con Él, ¿entonces, qué? Toda mi vida ha sido una búsqueda, toda mi vida ha sido una pesquisa constante, sólo sé buscar y explorar. El encuentro con Dios va a ser nefasto para mí, pues no soy más que búsqueda y exploración. Va a ser la muerte del reto. ¿Y qué es la vida sin un reto? Retiré la mano y me quité los zapatos porque ¿quién sabe?, puede ser que Él oiga mis pasos sobre las gradas y abra la puerta y diga: «¿A donde vas? Aquí estoy». Con mis zapatos en la mano salí corriendo. Y no miré hacia atrás. Tal vez Él estaba parado en el portón observando, y entonces mi fuga hubiera sido un poco más difícil y dolorosa. Desde entonces lo he estado buscando otra vez, y lo vislumbro aquí y allá. Sé dónde vive, entonces ése es el lugar que debo evitar, y sigo buscando por todas partes, indagando, preguntando, investigando: «¿Dónde está Dios? ¿Qué es Dios?».

Es una historia tremendamente profunda. Alguna vez has pensado: si te encuentras con Dios, ¿qué le vas a decir? ¿Qué vas a hacer con Él? Él será un callejón sin salida, será tu tumba, pues más allá de Él no hay nada. Has estado buscando con gran intensidad, con gran pasión y anhelo; toda pasión y todo anhelo desaparecerán.

Tal vez sea ésa la razón por la cual todos siguen buscando a Dios y nunca lo encuentran. Tal vez todos saben en qué casa está y simplemente la evitan. El universo entero esta ahí para buscar y para explorar. O tal vez Dios entiende que debe seguir siendo una búsqueda, una exploración, y nunca debe convertirse en una experiencia.

De la misma manera como por tu parte estás evitando la casa... tal vez Dios no vive en esa casa y teme que algún día algún idiota pueda llamar a la puerta, que algún policía pueda expedir una orden de registro; y los policías, con sus armas, puedan entrar por la fuerza a la casa de Dios. Pero te digo: no lo encontrarán allí. No sólo estás escapando de Él, Dios también está escapando de ti porque Él también tiene miedo. El encuentro va a ser una vergüenza. Ni tú tienes nada que decir, ni Él tiene nada que decir. ¿Vas a hablar del tiempo?

¿Alguna vez lo has pensado por un momento? Que la idea misma de Dios como persona es un absurdo. No hay un Dios como persona en ningún lugar, y todos esos templos y mezquitas y sinagogas y esas iglesias están vacíos. Fabricadas por sacerdotes sagaces, no tienen nada que ver con la religión.

Kahlil Gibran tiene razón cuando dice: *Su vida cotidiana es su templo...* Aceptar ese simple hecho, que tu vida diaria es tu templo y tu religión, la sola comprensión de ese simple hecho va a generar una gran transformación. Así ya no podrás hacer muchas cosas que has estado haciendo siempre porque Él está en todas partes —la tierra sagrada— y en todo momento estás tratando con Dios.

No puedes engañar a tus clientes. No puedes tener una actitud posesiva hacia tus hijos porque ellos están más cerca de Dios que tú mismo. Su inocencia es un puente y tu conocimiento es una muralla, una muralla china; sólo puedes ser respetuoso con tus hijos. Ya no podrás actuar como antes, pues siempre estás actuando dentro del templo y cada uno de tus actos es una oración. A cada momento estás rodeado de Dios. Su presencia será sentida hasta en tu esposo, en tu esposa, en tu amigo, en tu enemigo, pues con excepción de Él, no existe nadie.

Hacer de toda la vida un templo, y hacer de toda la vida una religión, es la única vía del que busca verdaderamente. No busca en los libros sagrados. Los libros son libros; ningún libro es sagrado y ningún libro es impío. Léelos si disfrutas la poesía, léelos si disfrutas su prosa, léelos si disfrutas sus mitologías, pero recuerda: ningún libro puede darte el sabor de la religión.

Sí, una flor puede ser capaz de hacerlo, un pájaro en vuelo puede ser capaz de hacerlo, un árbol que se eleva y baila en el sol puede ser capaz de hacerlo... La existencia entera se convierte en tu libro sagrado; léelo, escúchalo, y poco a poco vas a darte cuenta de que estás rodeado de una energía de la cual estabas completamente inconsciente.

Es casi como el pez que no sabe nada del océano, pues nace en el océano, ha vivido en el océano, y un día morirá en el océano. Era parte del océano, sólo una ola. No sabe nada del océano. El pez llega a conocer el océano sólo cuando un pescador lo saca del agua y lo tira sobre la arena caliente de la playa. En ese momento sabe que ha dejado su verdadero hogar, del que nunca estuvo consciente. Ahora tiene sed y trata por todos los medios de saltar al agua y regresar al océano. Fuera del océano se da cuenta de lo que ha perdido.

Sólo en el momento de la muerte las personas se dan cuenta de lo que han pasado por alto, pues la muerte, como un pescador, te saca del océano de la vida. Cuando te sacan de la vida de repente te das cuenta: «Dios mío, he estado vivo y no había tomado conciencia de estarlo. Hubiera podido bailar, hubiera podido amar, hubiera podido cantar, pero ahora es demasiado tarde». Sólo en el momento de morir las personas se dan cuenta de que han estado rodeadas continuamente de la energía eterna de la vida pero nunca participaron en ella.

Tu vida diaria es tu templo y tu religión. Actúa con conocimiento, en conciencia, y muchas cosas comenzarán a cambiar naturalmente.

La persona que comprende que la vida entera es el templo, es la religión, no puede seguir matando animales para comerlos, pues, si tú eres divino, ellos también son divinos. Si Dios palpita en tu corazón, también palpita en el corazón de un ciervo. ¿Cómo podrías matar un ciervo?, tan bello, tan digno, tan ágil, se mueve como una flecha. ¿Alguna vez has visto un ciervo feo? Por eso es que los ciervos no tienen concursos de belleza, pues ¿con qué fin? Todos son bellos. ¿Alguna vez has visto un león que no sea bello?

Pero el ser humano se vuelve feo. Todo niño nace bello, pero mientras crece comienza a aprender maneras de volverse feo: cómo competir, cómo ser celoso, cómo ser violento, cómo ser destructivo, cómo ser agresivo. Poco a poco va perdiendo el contacto con la vida porque ha perdido la reverencia por la vida.

Si me preguntas, diré que la religión es reverencia por la vida. Y si no sientes reverencia por la vida, no puedes concebir la totalidad de la existencia —los árboles y los pájaros y los animales— como diferentes expresiones de la misma energía. Desde el origen somos hermanas y hermanos de los animales y los pájaros y los árboles; y si comienzas a sentir esa hermandad, encontrarás la primera muestra de la religión.

> Su vida cotidiana es su templo y su religión. Cuantas veces entren en él, lleven con ustedes todo su ser. Lleven el arado, la fragua, el martillo y la lira. Todas las cosas que modelaron por necesidad o por deleite. Pues en sus ensoñaciones, no podrán elevarse por encima de sus logros ni caer más bajo que sus fracasos.

No descartes nada por profano. El arado y la fragua y el martillo y la lira, sea cual sea el objeto con que estés trabajando, respétalo. Las personas no respetan ni siquiera a otras personas; las personas tratan a otras personas como si fueran cosas.

¿Has pensado alguna vez que tu sirviente es también tu hermano, que tiene la misma dignidad, que necesita tener su orgullo tanto como tú? No, un sirviente pasa por tu habitación y no te das cuenta, es como si no hubiera pasado nadie. Un sirviente no parece tener alma. ¿Has comprado el alma del sirviente?

¿Cuánto hace que no miras el rostro de tu esposa, aunque están viviendo juntos las veinticuatro horas del día? ¿Cuánto hace que no miras el rostro de tu esposo? Años, tal vez.

Ahora ya no hacen caso el uno del otro: para ti, ella se ha convertido en una cosa, y para ella, tú te has convertido en una cosa. Ella te utiliza tanto como tú la utilizas. Se están destruyendo mutuamente. Cada uno de ustedes está arrebatándole al otro la humanidad, el alma misma.

La verdadera religión consiste en darle vida y alma aun a las cosas. Puedes tocar esta silla con amor y respeto; no te cuesta nada y te aportará una gran comprensión de la vida. El hombre religioso es el único mago del mundo; todo lo que toca se vuelve vital. No es cuestión de lo que toca, es cuestión de lo que vierte en él. Vierte su propia vida.

Vivir una vida religiosa no quiere decir renunciar a la existencia y perderse en las montañas. Ése es el camino de los cobardes y los impotentes, es el camino de los lisiados y los incompetentes, es el camino de los que no tienen la inteligencia para ver que Dios los rodea en todas partes. Cuando renuncias a la vida estás renunciando a Dios. ¿A qué más podrías renunciar? Cuando renuncias a tu esposa o a tu esposo, ¿a quién crees que estás renunciando? ¿Y dónde vas a encontrar a Dios?

En la vida de Gautama Buda hay un incidente que los budistas intentan evadir; no quieren discutirlo. Cuando Gautama Buda alcanzó la iluminación... ¿Y *qué es* la iluminación? Es la experiencia de que toda la existencia es divina, que es el templo de Dios y que cada uno es bien sea Dios despierto o Dios dormido. Pero no importa: alguien que está dormido puede despertarse en un minuto, sólo hace falta que le tiren un poco de agua fría en los ojos. Puede que le moleste al principio, puede hasta gritar; hay gente que llega a aventar su despertador lejos.

Una y otra vez me preguntan:

—¿Por qué la gente se enoja tanto contigo?

Yo contesto:

—Es comprensible. Cuando las personas están dormidas, no quieren un despertador cerca. Y yo no soy un despertador común y corriente. Yo lo intento todo, aun si tengo que luchar con la persona, la saco de la cama. Si se enoja, no hay que preocuparse; el momento mismo en que se despierte comprenderá que su ira no tenía razón de ser.

En el momento en que Gautama Buda alcanzó la iluminación, la primera cosa que le dijo a Ananda fue:

—Deseo ir a mi reino. Han pasado doce años desde que abandoné mi palacio. Dejé una criatura pequeña, de sólo un día de nacida; mi primer hijo; ahora ya debe haber cumplido doce años. Y todos estos años mi esposa, Yashodhara, debe haber sentido mucha ira. Es una mujer culta, bella y refinada, tal vez no le haya expresado su ira a nadie, pero debe llevar la herida en su corazón. Lo primero que deseo es regresar y ver a mi esposa, a mi hijo y a mi padre. Debe estar muy anciano, si aún está vivo. Debe haberse secado los ojos llorando, pues yo soy su único hijo.

Llegaron al palacio y entraron. A Ananda se le había otorgado un privilegio que había pedido antes de su iniciación. Era el primo hermano mayor de Gautama Buda, y cuando fue iniciado le pidió lo siguiente:

—Tras la iniciación seré un discípulo y tú serás el maestro, y tendré que acceder a todo lo que digas. Imposible decir no. Por ello, antes de convertirme en discípulo, quiero que queden claras tres cosas: primero, que nunca me alejarás de ti como lo haces con otros que envías a propagar el mensaje. Aun si logro la iluminación, no puedes mandarme a difundir el mensaje. Segundo, si te traigo a alguien a hacerte una pregunta, aunque sea medianoche no podrás decir: «Estoy cansado de caminar todo el día de un pueblo a otro; ¿crees que la medianoche es una hora adecuada? ¿No puedes esperar hasta mañana en la mañana?». No puedes decir eso, pues el mañana es incierto. Y tercero, estaré presente en toda conversación privada con quien sea que hables. Con un poderoso emperador, no importa; estaré presente porque quiero saberlo todo, no sólo lo que les dices a las masas sino también lo que dices en privado, pues en privado debes decir secretos más importantes, verdades más íntimas. Por eso prométeme esas tres cosas.

Gautama Buda dijo:

—Eres como mi hermano mayor, entonces no puedo decirte no. Te lo prometo. Pero recuerda: sólo esas tres cosas.

Al entrar al palacio, Buda se detuvo y le dijo a Ananda:

—Aunque tienes el privilegio de estar presente en cada conversación, te pido que no vengas conmigo cuando vaya a ver a mi esposa, por la simple razón de que ella es una persona muy culta y en tu presencia no dejará ver su ira, no dejará ver sus lágrimas. Y se irritará más porque vengo después de doce años y traigo a alguien conmigo, y por eso no puede expresarse libremente. Quisiera que ella vocifere y me grite, que me maltrate, para que pueda sentirse aliviada. Yo me siento responsable.

Ananda comprendió. Dijo:

—Puedo hacer esta excepción. Anda, yo te esperaré afuera.

Y, desde luego, Yashodhara estaba muy enojada. No le molestaba que Gautama Buda hubiera abandonado el palacio, que hubiera renunciado al reino para irse a las montañas a meditar y a buscar la verdad. No estaba enojada por eso; estaba enojada porque «¡no me tuviste confianza! Hubieras podido decirme que te ibas. ¿Crees que te lo hubiera impedido? Por mi sangre corre la sangre de la hija de un guerrero. Si puedo enviarte al campo de batalla sin llorar una sola lágrima, sabiendo que tal vez no te veré nunca más... Si tan sólo me hubieras dicho que te ibas a buscar la verdad, nunca me hubiera enojado. Mi enojo no es porque te hayas ido, mi enojo viene de que no confiaste en mí lo suficiente, no me amaste lo suficiente».

De hecho, antes de abandonar el palacio, Gautama Buda había entrado al dormitorio de su esposa sólo para ver el rostro del hijo, que tenía sólo un día de nacido. Pero el niño y la madre dormían bajo la frazada, era una noche fría, y no pudo ver al niño. Temía levantar la frazada para ver el rostro del niño porque levantarla era peligroso; si su esposa se despertaba, podría causar una conmoción innecesaria y todos en la casa se despertarían.

También estaba el padre, que tenía esperanzas. Gautama era su único hijo y él se estaba haciendo viejo. Le dijo a su hijo:

—Tú asumes tus responsabilidades... pero ahora, en lugar de asumirlas y ser rey, vas a abandonar a la familia, vas a renunciar al reino.

Buda dijo:

—Vengo con el corazón afligido. Sé que te hice daño, pero también sé que sientes tanto amor por mí que puedes perdonarme. Sólo he venido a pedir disculpas.

Y ésta es la idea que quiero enfatizar, la idea por la cual relaté el incidente de Buda. Su esposa le dijo:

—No hay duda de que te perdono. Lo pediste y eso basta. Tengo sólo una pregunta que quiero que me respondas: has encontrado la verdad; ¿no hubieras podido encontrarla aquí en el palacio? ¿Era absolutamente necesario ir a las cuevas en la montaña? ¿Acaso la verdad sólo está disponible en la cuevas en la montaña? ¿No está disponible aquí?

Y Buda tuvo que admitir:

—Cuando me fui no estaba consciente de ello, pero ahora sé que la verdad está en todas partes; no hay necesidad de ir a un lugar determinado para encontrarla. Pero esto sólo lo puedo decir ahora. Cuando me fui era un ignorante.

¿Ves las implicaciones de todo ello? Los budistas han estado evitando esta historia porque no quieren ver sus implicaciones. La implicación es que toda renuncia viene de la ignorancia; y que aquellos que han logrado la iluminación, para ellos no hay renuncia sino sólo júbilo.

Toda renuncia viene de la inconsciencia; es como si estuvieras andando dormido. Pero en el momento en que despiertas, Dios está en todas partes. Los budistas no le han prestado atención a esta historia por la simple razón de que si la historia la llega a saber el mundo entero, ¿quién quedará para renunciar al mundo?

A lo largo de veinticinco siglos, millones de personas han renunciado al mundo. Desgraciadamente no tenían idea de la declaración de Buda. No importa... puedes no estar consciente de estar rodeado de una cierta energía que, cuando despiertas, percibes como Dios. Pero aun si no estás consciente de ello, la energía está ahí y por eso no es necesario ir a ninguna parte.

Lo que se requiere es que pases del sueño a la vigilia. El viaje es hacia el interior, no de un lugar a otro; no de aquí al Himalaya sino de la inconsciencia a la consciencia.

Cada vez que entras en el templo de la vida... y si toda la vida es el templo, tienes que llevar tus herramientas, no importa cuál sea tu ocupación. Si eres músico, necesitas tus instrumentos. Si eres médico, necesitarás tus instrumentos. Si eres leñador, necesitas tus instrumentos. Cuando entres, lleva contigo todo lo que tienes, sea lo que sea.

> Lleven el arado, la fragua, el martillo y la lira. Todas las cosas que modelaron por necesidad o por deleite. Pues en sus ensoñaciones...

Cuando pruebas algo del más allá, a lo que en Japón los zen llaman *satori*, Kahlil Gibran llama «ensoñaciones».

Cuando estás un poco más consciente, pero no plenamente consciente —como en la mañana estás consciente de que los pájaros han comenzado a cantar y el sol está entrando por la ventana, y te volteas y te cubres con la frazada— eso es «ensoñación». Estás despierto pero te tomas un poco más de tiempo; quieres disfrutar de ese momento tan apacible: los pájaros cantando, el calor de los rayos del sol y la frescura del aire que entra a tu habitación. Estás despierto, pero no plenamente; estás sólo medio despierto, medio dormido.

Las personas me preguntan una y otra vez:

—¿Cuál es la diferencia entre *satori* y *samadhi*?

Ésa es la diferencia. *Satori* es estar medio despierto, medio dormido. *Samadhi* es la consciencia total.

Pero si estás medio despierto, no te tomará mucho tiempo llegar a estar plenamente despierto. Sólo un golpecito del bastón del maestro en la cabeza y saltarás de la cama.

Aun en tus... *ensoñaciones, no podrán elevarse por encima de sus logros...* Cualesquiera que hayan sido tus logros en la vida, no puedes elevarte por encima de ellos... *ni caer más bajo que sus fracasos.*

Por lo tanto, no te preocupes: al exponerte totalmente a la vida, no puedes elevarte por encima de tus logros y caer más bajo que tus fracasos. Y si entiendes que Dios está en todas partes, que Dios está en las cimas y también en las profundidades, Dios está en tus logros y Dios está en tus fracasos...

De hecho, es Dios el que logra y Dios el que fracasa. ¿Para qué preocuparte? Simplemente déjale todo a Él. Déjale todo a la existencia y te sentirás alegre de corazón, sin tensiones, sin responsabilidad, sin agobio, sin ansiedad. Si la existencia puede cuidar las estrellas y las montañas y los ríos y los océanos, ¿por qué no podría cuidarte a ti?

De hecho, estás viviendo innecesariamente con el temor de que se sepan tus fracasos y la angustia de que el mundo no vaya a conocer sino tu mejor parte. Pero tener que mostrar continuamente sólo tu mejor parte genera una gran tensión. Es posible si estás actuando en un drama. Por un momento puedes subir a la cima, pero no puedes mantenerte allí para siempre. Es por eso que tus relaciones amorosas fallan, pues en tus relaciones sólo muestras tus cimas.

Encontrándote con la persona amada en la playa estás manteniéndote en la cima, ella está manteniéndose en la cima, y ambos creen haber encontrado a la persona ideal; están hechos el uno para el otro. Pero esas alturas se mantienen sólo en la playa. Cuando la mujer está en la cocina, cansada... El hombre, continuamente acosado por su jefe en la oficina, llega a la casa destrozado... y la esposa ha estado aislada todo el día luchando contra la soledad. Ellos no pueden mantenerse en las alturas. Ambos explotan; ambos caen en las profundidades. Y una vez que estás viviendo veinticuatro horas al día con alguien es muy difícil seguir actuando. Una pequeñez puede alterar tu actuación y la realidad podría salir a la superficie.

Ocurrió en una aldea... En la India, cada año, la historia de Rama se escenifica en todo el país. En la historia, Lakshmana, el hermano de Rama, es herido por una flecha del enemigo. Era una flecha venenosa, y se le consultó al mejor médico que había en esa época sobre una cura. Lakshmana estaba acostado en el escenario, muerto, casi muerto, en coma.

El médico dijo:

—Es muy difícil salvarlo. Hay una cura, cierta hierba que crece en cierta montaña; pero la distancia es demasiado grande y si no se trae la hierba en menos de veinticuatro horas, no hay posibilidad de salvarlo.

Uno de los seguidores de Rama —debes haber visto su estatua en todas partes, el dios-mono Hanuman— dijo:

—No se preocupen.

Era el rey de los monos, un gran mono. Dijo:

—Yo puedo llegar hasta la montaña; pero el problema es que yo soy un mono ignorante y no sé a qué hierba se refieren. Deben darme indicaciones precisas para que pueda traer la hierba correcta; de otra manera, puedo traer algo que no es lo indicado. No soy médico.

El médico respondió:

—Eso no es problema. La hierba es tan importante que de noche brilla como luciérnagas. Podrás ver en la noche una hierba iluminada; ésa puede salvar a Lakshmana.

Hanuman fue al lugar, pero se sorprendió pues no había sólo una hierba iluminada en la montaña sino muchas.

Pensó: «¡Dios mío! ¿Cómo voy a escoger? Ese viejo tonto me dio indicaciones sobre una hierba, pero se aplican a muchas otras hierbas. Hay diferentes hierbas, pero todas están iluminadas», y no había suficiente tiempo para regresar y volver a preguntar. Un mono es un mono: pensó que era mejor llevarse toda la montaña. «Dejemos que ese viejo tonto escoja la hierba que quiera».

Entonces se llevó toda la montaña. Ahora, en una representación en una pequeña aldea, eso puede ser un proceso muy difícil. La montaña está hecha de cartulina: hay velas, hierbas pequeñas, y una cuerda que se enrolla y desenrolla con una rueda. Y justo encima hay un hombre que gira la rueda y Hanuma se va volando agarrado de la cuerda.

Pero en el momento en que regresa de la montaña, algo falla: la rueda no se mueve. Estamos en la India, no en Alemania. No sorprende que no se mueva, ¡sorprende que se mueva tan rápido! Ahora Hanuman está colgado allí y todo el auditorio se ríe: «¡Qué extraño!». Y Rama repite continuamente lo que debía haber dicho sólo una vez: «¡Hanuman, ven pronto!». Hanuman sigue colgado allí y la gente se está riendo; no entienden qué fue lo que falló. Él llegó, la montaña está ahí, las hierbas están ahí, las luces están ahí y, con la excepción de Rama, todo el mundo está mirando a Hanuman. Sólo Rama mira hacia abajo y sigue diciendo: «Hanuman...», porque no encuentra qué más decir; sabe que Hanuman sigue colgado.

Al final el director se subió al techo. Intentó, pero no ocurrió nada: la rueda no se movía. Entonces, en la premura y la tensión, cortó la cuerda. Hanuman se cayó y toda la montaña se vino abajo. Naturalmente se enfadó mucho, tanto que se le olvidó completamente que estaba actuando en el papel de Hanuman. Rama sigue repitiendo... dice:

—Hanuman, ¡le salvaste la vida a mi hermano!

Hanuman dice:

—Tu hermano... pero ¿y mis pies?

Hasta Lakshmana abre los ojos para ver qué está ocurriendo, y Hanuman le dice:

—¡Cierra los ojos! No se supone que abras los ojos, estás inconsciente. Sólo dime quién cortó la cuerda. Si no le doy una buena paliza, esta obra no puede continuar.

Había que bajar la cortina. Había que sacarlo de alguna manera. Se le ofrecen dulces pero él dice:

—Yo no quiero nada. ¡Primero quiero saber quién cortó la cuerda!

El director se había escapado. El hombre que le hacía de Hanuman era luchador de lucha libre en la aldea; era un hombre peligroso, ¡podría pegarle duro!

Todos lo consolaron diciéndole:

—Vamos a ver... es el director, pero se ha escapado. En la mañana le daremos su merecido.

Pero entre tanto el actor que hacía el papel de Hanuman dijo:

—No, no puedo seguir... estoy demasiado alterado.

Recogió su cola, que le colgaba atrás, la tiró lejos y dijo:

—Pueden buscarse otro Hanuman. Yo voy a agarrar al director. Voy a ver dónde está escondido. Si no le rompo los huesos, no haré este papel.

La actuación es posible sólo si todo transcurre con fluidez, pero ¿cómo pueden las cosas transcurrir con fluidez veinticuatro horas al día entre marido y mujer? Tarde o temprano la rueda se va a trabar y entonces habrá huesos rotos.

Si haces de tu vida una obra de teatro —mostrando sólo las cumbres y nunca las profundidades—, pronto vas a tener problemas, pues no puedes esconder tu lado más oscuro. Ni la existencia puede esconderlo. Cuando llega el otoño, las hojas tienen que caerse; no puedes evitarlo. Y cuando llegue la primavera, crecerán hojas nuevas y saldrán las flores. Cuando llegue la noche vendrá la oscuridad. Aunque cierres los ojos, no cambiará nada. La vida consiste de ambas cosas: valles y cimas.

Las religiones destruyeron al ser humano al insistir que siempre debe estar en la cima. Los valles no son para los virtuosos sino para los pecadores; para los virtuosos sólo existen las cimas.

No hay división en la existencia. Cada cima tiene sus propios valles; siempre existen juntos. Ni los valles pueden existir sin las cimas, ni las cimas sin los valles.

El ser humano inteligente acepta ambos. En esa aceptación se integra como ser humano, se vuelve una unidad.

> Y lleven con ustedes a todos los hombres. Pues en la adoración, no pueden volar más alto que sus esperanzas ni humillarse más bajo que su desesperación.

Nadie es una isla, luego no pienses que eres un fenómeno aparte de la existencia. En ti encierras a todos los hombres, todos los hombres que están muertos, todos los que están vivos, todos los que vendrán en el futuro. Llevas en ti todo el pasado y llevas en ti todo el futuro.

No estás solo, eres todo un universo. El pecador está en ti y el santo está en ti. Y no hagas de ti mismo un campo de batalla, o tu vida se convertirá en un infierno. Eso es lo que han hecho las religiones: te han convertido en un campo de batalla, entonces luchas con los pecadores, que son parte de ti, y alabas a los santos, que son parte de ti, y enfrentas los unos a los otros. En su conflicto tú te destruyes; tu vida se vuelve infeliz.

Kahlil Gibran tiene razón cuando dice: *Y lleven con ustedes a todos los hombres...* Recuerda que el punto más alto al que alguien haya ascendido también es posible para ti; y que el punto más bajo al que alguien haya caído también es posible para ti. Todas las cimas de un Gautama Buda, un Mahavira, un Jesús, un Zarathustra, todas están en ti, Y todos los grandes criminales, Genghis Khan, Tamerlán, Nadir Shah, Iósif Stalin, Adolf Hitler, Ronald Reagan, todos ellos también están en ti.

Aceptándolos a los dos, nunca te convertirás en un campo de batalla; al aceptar a los dos, una extraña armonía surgirá en ti. Es como en cualquier escuela, donde se tiene un pizarrón negro y, para escribir, un gis blanco. El gis blanco resalta bien en el pizarrón negro; y el negro del pizarrón se convierte en el trasfondo. También se puede escribir en un pizarrón blanco, pero entonces no se podrá leer lo escrito. Igualmente se puede escribir con gis negro, pero entonces no se podrá leer.

El ser humano es dialéctico. La altura y la profundidad, lo negro y lo blanco, todo va junto. En lugar de crear conflicto, crea armonía, música. Usa los dos aspectos de tal manera que no haya confrontación entre ellos sino que formen parte de una orquesta.

Hacer del ser humano una orquesta es la finalidad misma de la religión. Convertir tu dualidad en música es la esencia misma de la religión.

> Y si quieren conocer a Dios, no sean, por lo tanto, descifradores de enigmas.

No te enfrentes a Dios con preguntas filosóficas, con enigmas. Si te pregunto: «¿Qué vas a hacer cuando te encuentres con Dios?», naturalmente vas a comenzar a pensar en qué preguntas le vas a hacer... Preguntas para las cuales no has logrado encontrar respuesta y que Dios debe saber.

Pero Kahlil Gibran dice: *Y si quieren conocer a Dios, no sean, por lo tanto, descifradores de enigmas...* pues Dios es silencio, y si le llevas problemas y preguntas, no serán resueltos. Ninguna plegaria se responde, pues Dios no entiende ningún idioma. El silencio es el único idioma que entiende.

Entonces acércate a Dios, a los árboles, a los arroyos, al océano, con silencio en el corazón, y encontrarás la comunión. Encontrarás que tus enigmas y preguntas desaparecen.

Dios no resuelve tus preguntas. Pero se disuelven en el silencio, se desvanecen.

Miren mejor a su alrededor y lo verán jugando con sus hijos.

Declaraciones muy extrañas pero muy ciertas. Pero ¿a quién le importan los niños? ¿Quién se preocupa por los niños? Yo fui un niño, como tú también lo fuiste. Y cada vez que venían invitados a la casa, mi padre me decía:

—Tú te desapareces.

Es muy extraño: un invitado viene a casa y yo debería *darle la bienvenida*. Yo no debería desaparecer; eso sería un insulto para el invitado. Mi padre me decía:

—No hay discusión. Va a llegar en algunos minutos. Tú te vas a donde quieras ir: al río, al bosque, a donde quieras, pero te vas.

Yo dije:

—Yo me hubiera ido si hubiera sabido que no vendría ningún invitado. Pero voy a quedarme aquí... y además voy a llamar a mis amigos.

Mi padre dijo:

—¡Estás actuando de forma muy extraña! Cuando no viene nadie, no haces ningún alboroto; cuando viene alguien, haces un alboroto. Traes toda clase de amigos y haces tanto ruido que ni siquiera podemos hablar entre nosotros.

Respondí:

—Ése es tu problema. Nosotros nunca te decimos: «Ustedes están interrumpiendo nuestros juegos; por ustedes no podemos jugar». Siempre son ustedes los que sienten que los molestamos, pero ustedes nunca piensan en nosotros, o que ustedes nos están molestando constantemente. Tenemos que hacer un contrato sobre esto.

Mi padre dijo:

—¡Deja de hablar de ese asunto de los contratos! Tienes tantos contratos conmigo; aunque yo los olvide, tú nunca olvidas tus contratos.

Yo respondí:

—Es sencillo: o los contratos o la libertad. Tú hablas tan fuerte como puedas, y nosotros jugaremos tan ruidosamente como podamos; de otra forma, se necesita un contrato.

Él dijo:

—Bueno. ¿Cómo es tu contrato?

Yo respondí:

—Mi contrato es simple: la mitad del tiempo jugaremos, y tú tienes que acompañarnos; y la otra mitad del tiempo, ustedes pueden discutir, y nosotros los acompañaremos. Es completamente justo.

Y él dijo:

—Es mejor que yo me vaya de la casa. *Tú* atiende a los invitados.

Y yo le dije:

—Está bien, tú puedes salir. ¡Desaparécete!

Pero él no podía irse porque tenía asuntos que discutir con el invitado. Y yo sabía muy bien que él no podía desaparecerse; no era más que una amenaza.

Entonces le dije:

—Las amenazas no funcionan conmigo. Yo quiero simples contratos de negocios. Tú eres negociante; tú entiendes. Nos das la mitad del tiempo, y nosotros te daremos la mitad.

Él dijo:

—Entiendo tu contrato: significa que nos vas a *dañar* todo el rato. La mitad del tiempo tendremos que jugar con ustedes y la mitad del tiempo no nos permitirán conversar; ustedes van a interrumpirnos, a discutir y yo te digo que son negocios importantes.

Pero los ojos que sólo ven los negocios no ven que cuando los niños juegan, Dios está presente.

En su inocencia, cuando los árboles se yerguen en silencio, Dios está presente. Cuando el arroyo canta mientras fluye hacia el océano, Dios está presente. Pero los ojos sólo ven los negocios. Los oídos están sordos; por eso pasas por alto constantemente lo que se presenta en cada momento en miles de formas.

> Y si quieren conocer a Dios... miren mejor a su alrededor y lo verán jugando con sus hijos.

¿Has mirado a un niño a los ojos? Tal vez te será difícil encontrar un sabio auténtico; pero si miras a un niño pequeño a los ojos encontrarás una muestra de los ojos de un sabio. Desde luego, los ojos del sabio son más profundos, más intensos, más llenos de sentido. Pero los ojos de un niño también tienen algo de ello... si no todo, una parte.

> Y abran sus ojos al espacio; lo verán caminando en la nube...

Dios no es una persona. Todos los esfuerzos de Kahlil Gibran apuntan a destruir la idea de que Dios es una persona. Quiere que se entienda que Dios es una presencia. Cuando los niños ríen, está presente. En su risa hay tanta inocencia que es imposible que Dios no esté presente. Por eso los sabios han dicho que cuando alcanzas el despertar, te sorprenderás de que éste sea tu segundo nacimiento. Has vuelto a ser niño; otra vez tienes el mismo asombro en los ojos, otra vez el mismo deseo de perseguir mariposas, de recoger conchas marinas en la playa...

En el Japón, un gran sabio, Hotei, llevaba en ambos hombros grandes bolsas llenas de juguetes, de dulces, cosas que gustan a los niños. Cada vez que llegaba a un pueblo la gente le pedía:

—Danos un sermón sobre la religión.

Hotei respondía:

—Espera y lo verás.

Y los niños llegaban de todas partes cuando corría el rumor de que Hotei había llegado, pues él siempre llegaba con extraños juguetes, deliciosos dulces y comenzaba a distribuirlos. Se reían, bailaban, y Hotei bailaba con ellos.

Y la multitud permanecía allí consternada:

—Este hombre parece loco, ¡y sin embargo hemos oído que es un gran sabio!

Toda su vida había hecho lo mismo, y cuando la gente le decía:

—No has hablado.

Él respondía:

—No puede hablarse. Pero he hecho todo. Lo he provocado. Él estaba aquí, tomando dulces de mis manos. Él estaba aquí disfrutando los juguetes. Estaba aquí riendo. Estaba aquí bailando. Pero ustedes son ciegos. ¿Qué puedo hacer? Ustedes son sordos, no oyen.

Los niños de Japón todavía llevan consigo la estatua de un solo buda, y es Hotei. Nunca hablaba, pero siempre creaba una situación en que se podía ver la inocencia actuando.

Cuando la inocencia actúa, Dios está presente.

> Y abran sus ojos al espacio; lo verán caminando en la nube, extendiendo sus brazos en el relámpago y descendiendo en la lluvia.

Es cuestión solamente de un cambio de actitud. Cuando esté lloviendo, baila en la lluvia. No estás hecho de lodo. No desaparecerás en la lluvia, en un charco de lodo. Tu ropa no es tan valiosa como la dicha que sentirás cuando la nube llueva sobre ti. Pero tú andas protegiéndote en todas partes; llevas todo tipo de paraguas.

> Y le verán sonriendo en las flores y luego levantando y agitando las manos en los árboles.

Se trata solamente de que cambies de actitud. Has vivido con la idea de que éstos son sólo árboles; esto es sólo una nube; esto es sólo lluvia.

No... Es una nube y mucho más, es lluvia y mucho más, son árboles, y más. Y ese «más», si puedes apropiarte de ello, transformará toda tu vida y la conducirá hacia la alegría, la dicha y la bendición.

11

Bendito sea este día

Y ya había caído la noche. Y Almitra, la vidente, dijo:

—Bendito sea este día y este lugar y tu espíritu que nos ha hablado.

Y él respondió:

—¿Fui yo quien realmente habló?, acaso ¿no fui también yo un oyente?

Entonces él descendió las gradas del templo, y toda la multitud lo siguió. Y cuando llegó a su navío, subió a cubierta. Y volviéndose nuevamente hacia la multitud, alzó la voz y dijo:

—Pueblo de Orphalese, el viento me invita a dejarlos. Menos prisa tengo yo que el viento, sin embargo, debo partir. Nosotros, los errantes, que andamos siempre a la búsqueda del camino más solitario, jamás iniciamos un día donde hemos terminado el día anterior. Nunca la aurora nos encuentra donde el poniente nos dejó.

Aun cuando la Tierra duerme, nosotros viajamos. Somos las semillas de una planta tenaz, y es en nuestra madurez y plenitud de corazón que somos liberados al viento y dispersados. Breves fueron mis días entre ustedes, y más breves aun las palabras que pronuncié. Mas si un día mi voz se desvanece en sus oídos, y si mi amor se evapora de su memoria, entonces volveré una vez más. Y con un corazón más fecundo y labios más accesibles al espíritu, hablaré de nuevo. Sí, volveré con la marea. Y aunque la muerte me oculte y el gran silencio me envuelva, buscaré nuevamente su comprensión. Y no la buscaré en vano. Si algo de lo que les dije es verdad, esa verdad les será revelada con voz más clara y con palabras más accesibles a su entender. Me voy con el viento, pueblo de Orphalese, pero no a precipitarme en el vacío de la nada. Y si este día no vio la satisfacción de sus necesidades y de mi amor, que sea al menos una promesa hasta otro día. Las necesidades del hombre se transforman, pero no su amor, ni su deseo de ver sus necesidades satisfechas por su amor. Sepan, entonces, que desde el silencio supremo volveré.

Entonces ya era de noche. Y Almitra, la vidente, dijo:

—Bendito sea este día y este lugar y tu espíritu que nos ha hablado.

Kahlil Gibrán habla en metáforas; tal vez sea la única manera de hablar de la verdad. Las metáforas, las parábolas, pueden dar un breve destello indirecto, pero no hay manera directa de decir qué es la verdad. Entonces, mientras escuchas estas palabras, recuerda que cada palabra es una metáfora.

Y ya había caído la noche... El sol se estaba poniendo y había llegado la hora de la partida de Al-Mustafá. La noche había caído no sólo afuera, sino que había caído también en los corazones de los que se habían congregado a su alrededor. La oscuridad comenzó a descender sobre ellos.

Habían sentido la presencia de Al-Mustafá entre ellos como un sol, una luz a la que se habían acostumbrado tanto que casi la habían olvidado. Es una de las desdichas de la vida: lo obvio se vuelve más difícil, y que lo que está disponible se eclipsa frente a tus ojos; sólo la partida te despierta de tu sueño.

Y ya había caído la noche. Y Almitra, la vidente, dijo... Ella había sido la primera en reconocer a Al-Mustafá doce años atrás, cuando llegó a la ciudad de Orphalese, y fue también la primera en hacer preguntas importantes en cuanto a la vida, el amor, los hijos. Desde luego, ella es la última en demostrarle su gratitud. Estas palabras están llenas de agradecimiento. Dijo: *Bendito sea este día y este lugar y tu espíritu que nos ha hablado.*

Hay un dicho antiguo en muchas tierras que dice que donde quiera que un hombre venturoso esté presente, el lugar se convierte en sagrado. Y cuando quiera y donde quiera que hable un hombre santo, esas palabras dejan de ser parte del lenguaje ordinario, tienen alas, son sagradas. Si estás disponible, receptivo, esas palabras te llevarán a las estrellas lejanas, a lugares desconocidos en tu interior que has llevado contigo todo el tiempo, a lo largo de muchas vidas, pero que no has visitado.

George Gurdjieff decía que la mayoría de las personas nacen emperadores, con enormes palacios, con inmensos tesoros, pero han vivido todas sus vidas en el pórtico, completamente inconscientes de que el pórtico no es un lugar para vivir y que nacieron para vivir en el palacio. Pero nunca exigen sus derechos. Nunca le preguntan a la existencia: «¿Cuál es mi destino? ¿Por qué estoy aquí? ¿De qué se trata esta vida?». No buscan, simplemente aceptan lo que accidentalmente esté a su disposición, y creen que eso es todo lo que la vida les ofrece.

Un ser humano se convierte en alguien que busca en el momento mismo en que se da cuenta de que esta existencia mundana no puede ser todo lo que hay. La vida debe contener mucho más. Debe contener tesoros de los cuales no estamos conscientes. De no ser así, simplemente levantarse cada día, comer, ir al trabajo, regresar a casa y moverse como en un círculo de la cuna a la tumba... ¿Crees que esa rutina es la vida? ¿Crees que esa rutina te puede dar un corazón alegre que canta y baila? Si tienes algo de inteligencia, te negarás a vivir esa rutina. Esa rutina no es vivir, es simplemente vegetar. ¡No hay que vegetar! Procura vivir, y vivir tan plenamente como te sea posible. Exige tu derecho.

En la India hay un proverbio que dice: «Hasta la madre le niega la leche a su hijo si el hijo no llora». El hijo tiene que exigir, exigirle hasta a su madre... Si el niño no exige, el deseo del niño, el hambre del niño, no significan nada. La existencia es nuestra madre y tienes que pedirle, exigirle, insistir en cuanto al significado y la importancia de por qué naciste y por qué se te pide seguir viviendo, ¿qué propósito tiene?

En el momento en que te surge la idea del propósito, del significado y de la importancia, te has convertido en un *sannyasin*, un buscador de la verdad. Y el día en que encuentras tu propio tesoro, te trae tanta alegría, tanta dicha, que donde quiera que estés generas un ambiente, una fragancia que es ajena a esta Tierra, que viene del más allá.

El santo es aquel que se ha convertido en una puerta al más allá, a los secretos y misterios desconocidos. Y si no te conviertes en alguien que busca, seguirás respirando, vegetando, y morirás sin haberte dado cuenta del sentido de la vida.

Una gran mujer del siglo veinte y poeta de primera categoría, Gertrude Stein, se estaba muriendo. Sus amigos se habían reunido pues sus médicos habían dicho que ya era cuestión de unas horas. Estaban sentados en un profundo silencio, con lágrimas en los ojos, alrededor de la cama. Una mujer los dejaba, una mujer nada común. Hablaba con palabras de oro; escribía de cosas que eran casi imposibles de expresar con palabras. De repente Gertrude Stein abrió los ojos, miró a su alrededor y preguntó:

—¿Cuál es la respuesta?

Qué extraño. Las personas formulan primero la pregunta: pero la pregunta no se había formulado aún y ella estaba pidiendo la respuesta. Tal vez estaba consciente de que ya no había mucho tiempo para hacer la pregunta; se le ha pasado la vida y aún no ha hecho la pregunta. Por lo menos antes de irse, en el crepúsculo de la vida, puede escuchar la respuesta. ¿Cuál es la respuesta? Todos los presentes estaban perplejos porque no sabían cuál era su pregunta, y entonces, ¿cómo darle la respuesta? Pero hubiera sido irrespetuoso discutir con una mujer agonizante, a quien todos amaban y respetaban. Pero ella seguía esperando que se dijera algo más. Entonces un amigo le dijo:

—Stein, olvidaste hacer la pregunta; entonces ¿cómo podemos responder?

Ella sonrió y dijo:

—Bien, entonces ¿cuál es la pregunta?

Y esas fueron sus últimas palabras. Murió con esas palabras en los labios:

—Bien, entonces ¿cuál es la pregunta?

Este pequeño incidente tiene un profundo significado. Ni sabemos la pregunta ni sabemos la respuesta, y, sin embargo, seguimos arrastrándonos sin saber de dónde venimos, sin saber a dónde vamos, sin saber qué estamos haciendo aquí. Es una situación muy extraña, casi demente.

Almitra tiene razón cuando dice: *Bendito sea este día...* pues hemos oído preguntas auténticas y respuestas todavía más auténticas, respuestas que no eran sólo palabras, respuestas vivas, respuestas que no eran sólo pensamientos sino que salían de lo más profundo del ser de Al-Mustafá. *Bendito sea este día y este lugar y tu espíritu que nos ha hablado...*

Y lo que dice Al-Mustafá es enormemente importante para recordar. Tras responder tantas preguntas, que cubren casi toda la vida del ser humano, ya no queda nada; y, sin embargo, Al-Mustafá dijo:

—¿Fui yo quien realmente habló?, acaso ¿no fui yo un oyente también?

Dice:

—No he pronunciado una sola palabra, es el espíritu mismo de la existencia quien ha hablado. Yo también era un oyente entre ustedes, por lo que no digan: «¿Has hablado». Yo he permitido que la existencia misma entre en contacto directo con ustedes. Aunque ella usó mis labios, usó mis manos, usó mis ojos, éstos fueron sólo instrumentos. Yo me entregué totalmente al espíritu de la totalidad: «Haz de mí una canción, cualquier música; estoy a tu disposición, totalmente y sin condiciones».

Es por eso que dice: ...*¿Fui yo quien realmente habló?*, acaso *¿no fui yo un oyente también?*

Las personas como Gautama Buda, Lao Tzu, Chuang Tzu, Kabir, Nanak, Al-Hillaj Mansoor y miles de místicos diferentes estarían de acuerdo con Al-Mustafá en que, no importa qué hayan dicho, no lo dijeron *ellos*, ellos también fueron oyentes y no los que hablaron. Y cuando una persona que habla es también oyente, sólo entonces el espíritu universal puede cantar una canción. No es cuestión de hablar. Al-Mustafá no es orador.

Fui a visitar una universidad cristiana donde forman misioneros. Es la universidad teológica cristiana más grande del este. Toma seis años formar a un misionero. El director me llevó a conocer el campus. Yo le pregunté:

—¿Podría usted decirme en qué universidad teológica se formó Jesús?

Él me miró un poco perplejo, pues Jesús no era un hombre con educación, no sabía ni siquiera leer o escribir.

Me dijo:

—Nunca antes me habían hecho esa pregunta, y hemos formado miles de misioneros.

Yo dije:

—El misionero formado es un hipócrita. No sabe entregarse y permitir que la existencia hable por su intermedio. He visto lo que ocurre en sus clases, y me he reído para mis adentros; es tan absurdo que pretenda enseñarles a sus así llamados futuros misioneros. Todos son educados, uno de ellos tiene un posgrado en filosofía o religión

o psicología, otro tiene un doctorado en psicología o filosofía o religión. Son gente altamente educada, y, sin embargo, están siendo
formados. Cuando observé el entrenamiento, no sabía si llorar o reír.

Le pregunté al director:

—En la última clase vimos que a estos pobres misioneros les
decían cuándo hablar en voz alta, cuándo alzar la mano, cuándo
susurrar, qué gesto utilizar cuando se hacen ciertas declaraciones.
¿Están entrenando actores? ¿Cree usted que el cristianismo es un
taller de dramaturgia?

Me contestó:

—Me siento muy avergonzado. No puedo responder su pregunta.

Le dije:

—Su vergüenza me la ha respondido. Sabe perfectamente que
estos misioneros no son más que marionetas. Hablarán palabras
que fueron dichas por Jesús; las palabras serán las mismas, y usted
está haciendo todos los esfuerzos posibles para que hasta los gestos
sean los mismos. Es posible que los gestos sean los mismos, que las
palabras sean las mismas; y también es posible que hasta sean mejores, pues Jesús era hijo de un carpintero pobre, sin educación, sin
cultura. Pero no serán auténticos. Pueden ser mejores en cuanto
al efecto dramático se refiere, pero no pueden ser auténticos. Me
gustaría observar también la última clase.

Me dijo:

—¿Qué quiere decir, «la última clase»? Ya hemos visitado todo
el campus.

—Quiero decir —le dije—, donde les enseñan a ser crucificados,
pues si no se les enseña a ser crucificados, la formación quedará
incompleta.

Me dijo:

—Usted es un tipo extraño. ¿Quiere decir que todas estas personas deben ser crucificadas? Han venido aquí a aprender, a salir al
mundo a predicarle a la gente.

Y yo le dije:

—Pero ¿qué pueden predicar? Nunca se hubiera escuchado el nombre de Jesús si no hubiera sido crucificado. La crucifixión es el hecho central y esencial en la vida de Jesús. De hecho, sin la crucifixión no existiría el cristianismo.

Vi que el director llevaba una cadena de oro de la cual colgaba una cruz, también de oro. Le dije:

—¿Usted cree que esto es lo que se le hizo a Jesús, que se le colgó del cuello una cruz de oro, una pequeña cruz con una cadena de oro? ¿Es eso la crucifixión? *Usted* debería estar en la cruz, no la cruz colgada de su cuello, y además una de oro.

Jesús cargó una pesada cruz de madera, tan pesada que cayó tres veces antes de llegar al lugar donde la cruz debía ser ubicada en la tierra. No era un hombre viejo, tenía sólo treinta y tres años, un hombre joven y estaba acostumbrado a cargar madera, pues eso es lo que hacía: su padre era carpintero. Toda su vida había cargado madera, pero la cruz era tan pesada que un hombre joven acostumbrado a cargar madera cayó tres veces por el camino.

—¿Cuántas veces —le pregunté al director— ha caído usted por el camino? Pues su cruz es mucho más valiosa.

Nadie puede convertirse en Jesús fingiendo actuar como Jesús. Se decía que nunca nadie había hablado como él hablaba. Había una profunda autoridad en cada uno de sus gestos; no estaba hablando de filosofía ni de teología: estaba revelando su propio corazón, contando su vida misma. Sus palabras no eran las palabras muertas de los profesores o los académicos; sus palabras eran vivas, respiraban.

Recuerda: puedes aprender bellas palabras y puedes engañarte a ti mismo. No se trata de aprender palabras, se trata de entregarte a la existencia y de dar vía libre a la existencia: si quiere hablar, puede hacerlo; si quiere guardar silencio, está muy bien. Si quiere cantar, estás dispuesto; si quiere bailar, le aportas tu cuerpo, tu corazón, todo tu ser. Sólo entonces el lugar donde un hombre como él se sienta, habla o guarda silencio se convierte en un lugar sagrado, en un lugar santo.

> Entonces él descendió las gradas del templo y toda la multitud lo siguió. Y cuando llegó a su navío, subió a cubierta.

Un hombre como Al-Mustafá... Aunque regresa a su hogar, al lugar donde está a gusto, aunque se dirige hacia la meta que ha estado persiguiendo toda su vida, aunque va en el barco que ha estado esperando a lo largo de doce años, parado en la cubierta, mira a su alrededor al lugar donde vivió doce años; a las personas que nunca le dieron reconocimiento. Las personas que, por el contrario, siempre lo malentendieron. Pensaban: «Es un forastero, no es parte de nosotros; es un extraño. Es un soñador de sueños».

Nadie le creyó, nadie confió en él; pero eso no cambió su actitud hacia la gente. No se sintió ofendido. Al contrario, se va del lugar con una profunda sensación de tristeza, pues está dejando a todas esas personas en la oscuridad. No ha logrado que tomen conciencia, que abran los ojos para que desaparezca la oscuridad.

Y sólo el último día, cuando está a punto de partir, surge en mucha gente una callada comprensión, un silencioso entendimiento de que tal vez no le han prestado atención a un mensajero de Dios, a un profeta, a un mesías. Pero es demasiado tarde, él tiene que partir.

> Y volviéndose nuevamente hacia la multitud, alzó la voz y dijo:
> —Pueblo de Orphalese, el viento me invita a dejarlos.
> El barco está listo y el viento sopla en dirección de mi tierra.
> Menos prisa tengo yo que el viento...
> No tengo tanta prisa por irme; aunque esperé doce años, quiero quedarme todavía un poco. Tal vez alguien querrá escucharme, verme, comprenderme; tal vez alguien se convertirá en una persona que busca, en un viajero tras la verdad.

Menos prisa tengo yo que el viento, sin embargo, debo partir.

Nadie puede permanecer aquí para siempre. Hasta la persona más importante debe irse algún día.

Entonces, recuerda: si quieres sentirme, no lo postergues. Si quieres comprenderme, no digas: «Mañana, porque hoy estoy muy ocupado», pues el mañana no es certero. Nunca se sabe, puede llegar, puede no llegar.

Nosotros, los errantes, que andamos siempre a la búsqueda del camino más solitario, jamás iniciamos un día donde hemos terminado el día anterior. Nunca la aurora nos encuentra donde el poniente nos dejó. Aun cuando la Tierra duerme, nosotros viajamos.

Se refiere a las peregrinaciones espirituales. No sabemos dónde es nuestro hogar y no podemos perder ni un solo minuto. Entonces, hasta en el sueño el errante sigue buscando. Cuando está despierto está buscando, buscando en todas las direcciones, en todas las dimensiones, sin ningún prejuicio; llama a todas las puertas. Nunca se sabe cuál es la puerta correcta.

Somos las semillas de una planta tenaz, y en nuestra madurez y plenitud de corazón somos liberados al viento y dispersados.

Les estoy hablando a ustedes, pero sería mucho mejor decir que estoy simplemente dispersando semillas. Que mis palabras sean semillas en ti para que cuando llegue la primavera esas semillas comiencen a germinar.

Sin embargo, el ser humano ha sido educado para permanecer cerrado y no permitir que nada penetre. Y ésa es la razón por la cual la primavera viene y se va y tú sigues tan muerto como siempre, porque no tienes las semillas. La primavera no puede generar las semillas; si tienes las semillas, la primavera es una gran ayuda. Vienen las nubes, cae la lluvia, pero tú permanecerás yermo si no tienes las semillas.

Estar con un maestro no es otra cosa que abrir tu corazón para que él pueda sembrar semillas. Puedes no reconocerlas ahora mismo, pues una semilla no es una flor sino sólo una posibilidad; no es una fruta, sino sólo una posibilidad. Con el tiempo, esa posibilidad te traerá una gran cosecha.

Pero para abrir el corazón se necesita confianza; y nos han educado para el temor, no para la confianza ni para el amor. Entonces nuestro corazón está tan cerrado que ninguna semilla puede penetrar en él.

No es la primera vez que vienes a ver a un hombre como yo; eres antiguo viajero. Tal vez has estado con Lao Tzu, tal vez con Jesús. Pero siempre has fallado porque nunca has permitido que tu corazón sea receptivo. Ellos pueden colmarte de semillas, pero si no las recibes, la lluvia de semillas no va a serte muy útil.

Jesús decía una y otra vez: «Cuando un jardinero siembra semillas, algunas de ellas caen en las rocas y no germinan. Otras caen en el camino, por donde pasan las personas; estas semillas crecen, pero pronto mueren porque la gente está pasando continuamente y el tránsito las mata».

Benditas aquellas pocas semillas que encuentran buena tierra, que no es ni roca ni un camino por donde pasa la gente. En el momento apropiado, cuando la primavera las haga salir, comenzarán a crecer hasta volverse bellas plantas; y cuando lleguen las lluvias, bailarán de alegría porque las lluvias les traen más jugo, más vida. Pronto se convertirán en grandes árboles, erguidos hasta el cielo, llenos de flores, de follaje y de frutos: han alcanzado su destino.

Muy pocos seres humanos han sido capaces de alcanzar su destino; se han quedado yermos a causa de su temor. No tienes nada que perder; sin embargo, sigues sintiendo temor.

Aquellos que poseen algo no temen, pues lo que te pertenece no se te puede quitar. Lo que no te pertenece está destinado a que te lo quiten; hoy, mañana o pasado mañana llegará la muerte y te quitará todo lo que tengas. Sólo lo que es tuyo —lo que trajiste contigo al nacer— permanecerá contigo cuando mueras. Pero toda una vida de setenta u ochenta años habrá sido en vano. Hubieras podido crecer, madurar, centrarte, llegar a ser lo que eres en potencia pero no en la realidad.

Tu realización: eso es todo lo que significa la religión. No hay más religión que la realización; realización de todo aquello que yace latente en tu interior.

El punto de partida es la ausencia de temor, la confianza en la existencia. Tú naces de la existencia, y no confías en ella. Respiras la existencia a cada momento, y no confías en ella.

Comes la existencia, bebes la existencia, y no confías en ella. ¿En quién puedes confiar? Las personas están dispuestas a creer en Dios, a quien nunca han visto, a quien nadie ha visto y nadie verá nunca.

Yo te enseño a no confiar en Dios pues es sólo una creencia, y es falsa. Deseo que confíes en la existencia. Quiero que seas pagano, que confíes en los árboles, en los océanos, en las montañas, en las estrellas, en la gente, en ti mismo; ésas son realidades. No hay necesidad de ninguna creencia, sólo hay que comprender lo que es real y lo que no lo es, sólo se necesita un poco de discriminación. Confía en lo real, lo auténtico y nadie podrá impedir tu crecimiento. Y sólo en tu crecimiento descubrirás más y más tesoros de la conciencia, de la existencia, de la santidad.

Nunca encontrarás a Dios; sólo encontrarás la santidad. Es una cualidad. Es otra palabra para referirse al amor.

> Breves fueron mis días entre ustedes, y más breves aún las palabras que pronuncié.

Hay que entender algo sobre el tiempo: cuando te sientes infeliz, el tiempo parece transcurrir muy despacio. Si estás sentado junto a un hombre moribundo en la noche, puede parecerte que la noche no terminará jamás; tal vez sea la última noche y no habrá otra aurora jamás, pues cada momento es tan doloroso que en tu percepción se vuelve cada vez más largo.

La persona infeliz vive en una escala de tiempo y la persona feliz vive en otra escala de tiempo diferente. Y estás consciente de ello: cuando estás feliz, el tiempo pasa rápido. El reloj se mueve siempre de la misma manera; no le interesa si estás feliz o infeliz. El mismo reloj y una persona sentada debajo sintiéndose desdichada y otra persona sentada debajo sintiéndose feliz. ¿Qué puede hacer el pobre reloj? El reloj sigue moviéndose de acuerdo con su propio mecanismo. Pero la persona desdichada siente que el tiempo pasa muy despacio, pero la persona feliz siente que el tiempo pasa muy rápido.

Cuando estás con un amigo a quien ves por primera vez tras muchos años, las horas pasan como minutos y los días como horas. ¿Qué dices de un hombre que está no sólo alegre o de buen humor sino feliz? Para él existe otra escala de tiempo. Para el desdichado se vuelve largo, para el feliz se vuelve corto, para el dichoso se detiene... deja de moverse.

Entonces cuando Al-Mustafá dice:

> Breves fueron mis días entre ustedes, y más breves aún las palabras que pronuncié. Mas si un día mi voz se desvanece en sus oídos, y si mi amor se evapora de su memoria, entonces volveré una vez más...

Al-Mustafá representa a casi todos los místicos del mundo, parece, pues todos ellos han prometido: «Si no me escuchan esta vez, si siguen olvidándose de lo que les he dicho, si se desvanece y se vuelve sólo un recuerdo, o tal vez un sueño que han visto, entonces volveré».

Debe entenderse como una metáfora. Ni Buda puede volver ni Jesús puede volver, aunque ambos lo dijeron; tampoco Krishna puede volver, y él también lo dijo. De hecho, ya es tiempo de que los tres vuelvan aquí.

Pero no se trata de que Jesús vuelva, eso es lo que los cristianos están esperando. Los judíos también están esperando al profeta prometido en el último testamento. Ése fue el crimen de Jesús, pues él aseguró ser el profeta que esperaban. Los judíos no podían creer que su profeta hubiera podido nacer en la casa de un pobre carpintero, sin educación, sin cultura. Jesús no había cometido ningún crimen excepto haber asegurado que: «Soy el profeta que han estado esperando. He venido».

Era inocente. No hubiera debido decir lo que dijo porque destruye la esperanza de la gente; nunca te perdonan si destruyes su esperanza. Han sufrido durante siglos, pero siempre quedaba una lejana esperanza, como una estrella, de que el mesías llegaría y los liberaría de toda su desdicha.

Y ahora llega el hijo de un pobre carpintero y dice:

—Soy la estrella que ustedes han estado esperando y los redimiré de toda su desgracia.

Su crimen fue haber destruido su esperanza. No ha sido capaz de redimirlos de su desgracia; dos mil años después de Jesús siguen infelices. Pero él tuvo que ser crucificado por la simple razón de que ellos querían salvar su esperanza. Era la esperanza que funcionaba como una especie de opio. Podían soportar el sufrimiento porque tenían la esperanza de que, en cuestión de unos días más, el mesías llegaría.

Y es igual la tradición de los cristianos. Ahora esperan que Cristo vuelva; él les prometió: «Regresaré». Si alguien dijera ahora: «Yo soy Jesucristo», los cristianos harían lo mismo con ese hombre que los judíos hicieron con Jesús. Lo asesinarían, lo crucificarían, pues estaría haciendo la misma cosa: destruir su esperanza.

Las personas viven en una infelicidad tal que necesitan esperanza constantemente. Son adictos a la esperanza. Nadie puede redimir a nadie de la desdicha. Alguien puede decirte cómo salir de tu desdicha, pero nadie puede sacarte de tu desdicha. Con la excepción de ti mismo, nadie puede ser tu salvador.

Pero Gautama Buda dice lo mismo, Krishna dice lo mismo; debe entenderse como una metáfora. Nadie regresa. Una vez que un ser humano alcanza la iluminación, no puede volver atrás; no hay manera de retroceder. De la misma manera como un hombre joven no puede volver a la niñez... ¿O puede? Por más que lo desee, eso no va a ocurrir; de lo contrario, nadie envejecería, todo el mundo volvería a ser joven una y otra vez. ¿Quién desea morir? Para evitar la muerte, la mejor manera es mantenerse joven. Entonces, cuando sientas que te estás volviendo viejo, retrocede unos cuantos kilómetros y vuelve a ser joven.

Pero en el tiempo no hay posibilidad de retroceder, siempre avanzas. Una vez que has alcanzado la iluminación no puedes nacer otra vez, porque ése es un estadio inferior y lo habrás superado.

¿Entonces qué significado puede tener? El significado es que el cuerpo de los místicos puede ser diferente, pero todos ellos entregan su cuerpo al mismo estado universal. Entonces Krishna puede no volver, Cristo puede no volver, Buda puede no volver, pero siempre habrá alguien que se haya entregado y esté disponible para el espíritu universal. Y ese espíritu es el mismo.

Entonces el místico puede no regresar, y el mismo cuerpo puede no nacer otra vez, pero el mismo espíritu universal puede, una vez más, encontrar a alguien que esté disponible y abierto.

> Y con un corazón más fecundo y labios más accesibles al espíritu, hablaré de nuevo. Sí, volveré con la marea...

Estas personas siempre regresan —de la manera como lo he explicado, no como la gente lo ha estado esperando—, entonces nunca se sabe a través de quién hablará el espíritu universal. Es una de las razones por las cuales quiero que todas las religiones sean dispersadas, para que todo el mundo se libere de los prejuicios y encuentre, donde pueda, al espíritu universal hablando una vez más. Las palabras pueden ser diferentes, los gestos pueden ser diferentes, pero el mensaje esencial será el mismo.

> Y aunque la muerte me oculte y el gran silencio me envuelva, buscaré nuevamente su comprensión. Y no la buscaré en vano. Si algo de lo que les dije es verdad, esa verdad les será revelada con voz más clara y con palabras más accesibles a su entender.

Los tiempos cambian. Nadie ahora puede hablar como Buda hablaba, sería anticuado. Tampoco se puede hablar como Jesús, pues sería obsoleto.

Cada vez que habla el espíritu, siempre es fresco, siempre es nuevo, siempre es de este momento. Pero el mensaje, la esencia, es la misma. Es una flor nueva, pero la fragancia es la misma. No mires la flor, trata de comprender la fragancia.

> Me voy con el viento, pueblo de Orphalese, pero no a precipitarme en el vacío de la nada. Y si este día no vio la satisfacción de sus necesidades y de mi amor, que sea al menos una promesa hasta otro día.

«Les prometo regresar si este día no ha sido suficiente, si sus necesidades no han sido satisfechas. Ni mi amor... No pude darles lo suficiente, en abundancia, pues no estaban disponibles para recibirlo». ...*Que sea al menos una promesa hasta otro día...*

Las necesidades humanas cambian, pero no su amor, ni su deseo de que ese amor logre satisfacer esas necesidades.

> Sepan, entonces, que desde el silencio supremo volveré.

Todos estos místicos que han prometido parecen haber fallado en el cumplimiento de su promesa, pues tú sigues buscando el marco externo. El marco externo no puede ser el mismo. Tendrás que buscar la esencia, y entonces encontrarás que ninguna promesa se ha quedado sin cumplir.

Todas estas personas han regresado una y otra vez. Incansables son sus esfuerzos por hacer que entiendas, por ayudarte a convertirte en más luz, en más amor, por ayudarte a bailar, pues no estás lisiado; por ayudarte a ver, pues no estás ciego; por ayudarte a sentir, pues en cada uno de nosotros el corazón está palpitando y esperando que lo colme el amor. ·

Sobre el autor

Osho desafía las clasificaciones. Sus miles de charlas cubren todo, desde la búsqueda individual del significado hasta los problemas sociales y políticos más urgentes que enfrenta la sociedad en la actualidad. Los libros de Osho no han sido escritos, sino trascritos de las grabaciones de audio y video de sus charlas extemporáneas ante audiencias internacionales. Tal como él lo expone: «Recuerden: lo que estoy diciendo no sólo es para ustedes... estoy hablando también para las futuras generaciones». Osho ha sido descrito por el *Sunday Times* en Londres como uno de los «1000 Creadores del Siglo XX» y por el autor estadounidense Tom Robbins como «el hombre más peligroso desde Jesucristo». *El Sunday Mid-Day* (India) ha seleccionado a Osho como una de las diez personas —junto con Gandhi, Nehru y Buda— que han cambiado el destino de la India. Con respecto a su propia obra, Osho ha declarado que está ayudando a crear las condiciones para el nacimiento de una nueva clase de seres humanos. Él con frecuencia caracteriza a este nuevo ser humano como «Zorba el Buda», capaz tanto de disfrutar los placeres terrenales de un Zorba el Griego, como la serenidad silenciosa de un Gautama el Buda. Un tema principal a través de todos los aspectos de las charlas y meditaciones de Osho es una visión que abarca tanto la sabiduría eterna de todas las eras pasadas como el potencial más alto de la ciencia y la tecnología de hoy en día (y del mañana). Osho es conocido por su contribución revolucionaria a la ciencia de la transformación interna, con un enfoque en la meditación que reconoce el paso acelerado de la vida contemporánea. Sus Meditaciones Activas Osho están diseñadas para liberar primero las tensiones acumuladas del cuerpo y la mente, de tal manera que después sea más fácil emprender una experiencia de quietud y relajación libre de pensamientos en la vida diaria.

Disponible una de sus obras autobiográficas:

Autobiografía de un místico espiritualmente incorrecto.
Barcelona: Kairos, 2001.

Osho Internacional Meditation Resort

Ubicación: ubicado a 100 millas al sureste de Mumbai en la moderna y floreciente ciudad de Pune, India, el Resort de Meditación de OSHO Internacional es un destino vacacional que hace la diferencia. El Resort de Meditación se extiende sobre 40 acres de jardines espectaculares en una magnífica área residencial bordeada de árboles.

Originalidad: cada año, el Resort de Meditación da la bienvenida a miles de personas provenientes de más de 100 países. Este campus único ofrece la oportunidad de una experiencia personal directa de una nueva forma de vida: con mayor sensibilización, relajación, celebración y creatividad. Está disponible una gran variedad de opciones de programas durante todo el día y durante todo el año. ¡No hacer nada y simplemente relajarse en una de ellas!

Todos los programas se basan en la visión de OSHO de «Zorba el Buda», una clase de ser humano cualitativamente diferente que es capaz *tanto* de participar de manera creativa en la vida diaria *como* de relajarse en el silencio y la meditación.

Meditaciones: un programa diario completo de meditaciones para cada tipo de persona incluye métodos que son activos y pasivos, tradicionales y revolucionarios, y en particular, las Meditaciones Activas OSHO®. Las meditaciones se llevan a cabo en lo que debe ser la sala de meditación más grande del mundo: el Auditorio Osho.

Multiversidad: las sesiones individuales, cursos y talleres cubren todo: desde las artes creativas hasta la salud holística, transformación personal, relaciones y transición de la vida, el trabajo como meditación, ciencias esotéricas, y el enfoque «Zen» ante los deportes y la recreación. El secreto del éxito de la Multiversidad reside en el hecho de que todos sus programas se combinan con la meditación, la confirmación de una interpretación de que como seres humanos somos mucho más que la suma de nuestras partes.

Spa Basho: el lujoso Spa Basho ofrece una piscina al aire libre rodeada de árboles y prados tropicales. El espacioso *jacuzzi* de estilo único, los saunas, el gimnasio, las canchas de tenis... todo se realza gracias a su increíble y hermoso escenario.

Cocina: una variedad de diferentes áreas para comer sirven deliciosa comida vegetariana occidental, asiática e hindú, la mayoría cultivada en forma orgánica especialmente para el Resort de Meditación. Los panes y pasteles también se hornean en la panadería propia del centro.

Vida nocturna: se pueden elegir diversos eventos en la noche entre los cuales bailar ¡es el número uno de la lista! Otras actividades incluyen meditaciones con luna llena bajo las estrellas, espectáculos de variedades, interpretaciones musicales y meditaciones para la vida diaria.

O simplemente puede disfrutar conociendo gente en el Café Plaza, o caminar bajo la serenidad de la noche por los jardines de este escenario de cuento de hadas.

Instalaciones: usted puede adquirir todas sus necesidades básicas y artículos de tocador en la Galería. La Galería Multimedia vende una amplia gama de productos multimedia OSHO. También hay un banco, una agencia de viajes y un Cibercafé en el campus. Para aquellos que disfrutan las compras, Pune ofrece todas las opciones, que van desde los productos hindús étnicos y tradicionales hasta todas las tiendas de marca mundiales.

Alojamiento: puede elegir hospedarse en las elegantes habitaciones de la Casa de Huéspedes de Osho, o para permanencias más largas, puede optar por uno de los paquetes del programa Living-in. Además, existe una abundante variedad de hoteles y apartamentos con servicios incluidos en los alrededores.

www.osho.com/meditationresort

Para mayor información

www.**OSHO**.com

Página Web en varios idiomas que incluye una revista, los libros de OSHO, las charlas OSHO en formatos de audio y video, el archivo de textos de la Biblioteca OSHO en inglés e hindi, y una amplia información sobre las meditaciones OSHO. También encontrarás el plan del programa de multiversidad OSHO e información sobre el OSHO INTERNATIONAL MEDITATION RESORT.

Páginas Web:

http://osho.com/resort
http://osho.com/magazine

http://OSHO.com/shop
http://www.youtube.com/OSHO
http://www.oshobytes.blogspot.com
http://www.twitter.com/OSHOtimes
http://www.facebook.com/pages/OSHO.international
http://www.flickr.com/photos/oshointernational

Para contactar a OSHO International Foundation:

www.osho.com/oshointernational,
oshointernational@oshointernational.com

Acerca del código QR

En la solapa izquierda de este libro encontrarás un código QR que te enlazará con el Canal de Youtube OSHO Español facilitándote el acceso a una amplia selección de OSHO Talks, las charlas originales de Osho, seleccionadas para proporcionar al lector un aroma de la obra de este místico contemporáneo. Osho no escribía libros; solo hablaba en público, creando una atmósfera de meditación y transformación que permitía que los asistentes vivieran la experiencia meditativa.

Aunque las charlas de Osho son informativas y entretenidas, éste no es su propósito fundamental. Lo que Osho busca es brindar a sus oyentes una oportunidad de meditar y de experimentar el estado relajado de alerta que constituye la esencia de la meditación.

Estos videos incluyen subtítulos en español y se recomienda verlos sin interrupciones. Estos son algunos de los consejos de Osho para escuchar sus charlas:

«El arte de escuchar está basado en el silencio de la mente, para que la mente no intervenga, permitir simplemente lo que te está llegando.»

«Yo no digo que tengas que estar de acuerdo conmigo. Escuchar no significa que tengas que estar de acuerdo conmigo, ni tampoco significa que tengas que estar en desacuerdo.»

«El arte de escuchar es solo puro escuchar, factual, sin distorsión.»

«Y una vez que has escuchado entonces llega un momento en el que puedes estar de acuerdo o no, pero lo primero es escuchar.»

Si no dispones de un Smartphone también puedes visitar este enlace:

https://www.youtube.com/user/oshoespanol

Háblanos del amor.
Reflexiones sobre la poesía de Kahlil Gibran: El Profeta, de Osho
se terminó de imprimir y encuadernar en enero de 2013
en Quad/Graphics Querétaro, S.A. de C.V.
lote 37, fraccionamiento Agro-Industrial La Cruz
Villa del Marqués QT-76240